INTRODUÇÃO AO GERENCIAMENTO DE PROJETOS

Série de Livros da Escritório de Projetos

escritoriodeprojetos.com.br

INTRODUÇÃO AO GERENCIAMENTO DE PROJETOS

Como gerenciar projetos pode fazer a diferença na sua vida

Baseado na 6ª Edição do Guia PMBOK®

EDUARDO MONTES, PMP

1ª Edição, 2017. Última revisão em 22/04/20 rev.33

ISBN: 978-1546662402

Publicado por Kindle Direct Publishing

Tornar o complexo acessível parecendo simples é uma tarefa que só quem conhece e vivenciou muito um tema é capaz de realizar. Eduardo introduz a gestão de projetos de modo convidativo, numa linguagem amigável, com um conteúdo prático, abundante em exemplos e técnicas, que podem ser rapidamente aplicáveis. Útil para quem está iniciando o caminho da gestão de projetos e uma referência rápida para aqueles que já estão nesta estrada. "Como o gerenciamento de projetos pode fazer a diferença em sua vida" é o lema muito bem desenvolvido e aplicado neste livro.

Fatima Patz PMP, Mediadora de Conflitos, Consultora de Gestão de Mudanças Organizacionais.

Ensinar as práticas de gerenciamento de projetos tem sido um desafio para os professores e escritores da área de Gerenciamento de Projetos. Apesar de Projetos sempre existirem, a técnica de Gerenciamento de Projetos é relativamente "recente" na nossa história. Sua característica multidisciplinar, aplicação nos mais variados setores, contínuo surgimento de novas ferramentas e práticas e sua utilização exponencial pelas organizações é a razão deste desafio, mas que Eduardo desempenha com notável habilidade. Seu livro consegue transmitir com extrema clareza e admirável organização os temas introdutórios de Gerenciamento de Projetos. E não poderia ser diferente, pois é o resultado do dedicado trabalho que Eduardo tem realizado com seus alunos e, porque não dizer, com os inúmeros fãs e membros que visitam o seu blog Escritório de Projetos. Esse site me chamou a atenção desde a primeira vez que o visitei, em 2011, pela excelente qualidade de seus artigos e conteúdos relevantes e completos sem serem exaustivos. Tenho certeza que esse livro será um marco para a área de Gerenciamento de Projetos, proporcionando conteúdo riquíssimo para quem deseja se iniciar nesse universo. Aproveitem!

Maria Célia Mitidiero, PMP
Professora e Consultora em Gerenciamento de Projetos

Fiz uma busca na internet e me deparei com o site escritório de projetos. Excelente site, bons materiais e ótimos templates para começar do zero o gerenciamento de projetos. Não tive dúvida e me associei ao site. Melhor coisa que fiz até hoje. Indico para todos que queiram trabalhar com esse assunto. Além dos materiais, para quem é associado tem o privilégio de conversar e aprender bastante com o Eduardo Montes. Muito competente, possui muita experiência na área e o melhor, é acessível através de e-mail, WhatsApp ou vídeo conferência. Agrega muito valor ao aprendizado e com certeza os bate papos me ajudaram e tem ajudado e muito no trabalho que desempenho aqui na empresa. Cresci muito em poucos meses. Indico também o livro escrito por ele. Livro de cabeceira e para levá-lo para onde for.

Carlos Augusto de Sousa Filho - Coordenador de Projetos

Didático e Animador!

Eu sempre me interessei pelo Gerenciamento de Projetos. No entanto, não consigo ficar lendo esses livros todos de conteúdo específico e de definições. O livro vai bem ao ponto. A proposta é clara. É uma visão de conteúdo muito didática e mudou minha visão sobre o gerenciamento de projetos. Me sinto muito mais animado com o assunto!

Luan Siqueira Souza - Consultor & Membro do GP Board

Obra indispensável.

O livro do professor Eduardo Montes é muito bem-vindo num cenário onde o gerenciamento de projetos se torna cada vez mais essencial para as empresas que buscam resultados excepcionais. Com enorme riqueza de conteúdo, este livro nos leva com segurança pelos primeiros passos na arte de gerenciar projetos. O professor Eduardo Montes é uma das principais autoridades em projetos no Brasil. Com larga experiência e destaque, como profissional em sua área e também como educador generoso, este mestre nos brinda com um trabalho fundamental para quem busca resultados efetivos em atividades relacionadas a projetos. Recomendo fortemente este trabalho.

Fernando Labrada, PMP, MBA - Chief Consultant na CIO365

Sumário

Prefácio

O livro Introdução ao Gerenciamento de Projetos explica como o gerenciamento de projetos pode fazer a diferença na sua vida seja você gerente de projetos ou não.

Ele também detalha os passos necessários para gerenciar um projeto através de uma metodologia otimizada usando um exemplo de projeto de qualidade de vida para facilitar o entendimento e permitir sua aplicação para obter resultados de curto, médio e longo prazo.

O livro não pode ser considerado um livro convencional, e sim, um guia para lhe ajudar a gerenciar seu projeto baseando-se em soluções gratuitas, validadas e aperfeiçoadas por mim, pelos meus clientes, e por mais de 70.000 visitantes mensais do site escritoriodeprojetos ao longo de mais de 10 anos, 24 horas/dia.[1]

O livro está dividido em duas partes, Parte I, que contém os fundamentos necessários para iniciar a Parte II, chamada SEU PROJETO, onde detalho os 10 passos necessários para você gerenciar seu projeto com sucesso.

Todas as soluções são apresentadas na Parte II - SEU PROJETO para você usá-las de forma gradual conforme for evoluindo seu projeto, do primeiro até o último passo. Em cada passo, é explicado de forma detalhada o que deve ser feito e quais soluções são empregadas. Para deixar claro o entendimento, usei um exemplo real e um modelo genérico baseado no projeto Qualidade de Vida para você adaptá-lo conforme sua realidade.

São 57 arquivos usados no livro compostos de soluções, exemplos reais, modelos, ferramentas que foram agrupados em um Kit denominado Kit Projeto Qualidade de Vida.

Tudo escrito e preparado para você ir lendo o livro e aplicando o conhecimento adquirido em seus projetos através dos 10 passos propostos (Mais detalhes na seção inicial da Parte II - SEU PROJETO chamada "Sua Vez de Participar").

O livro pode ser usado para aprender os fundamentos para gerenciar seus projetos e para cursos de Introdução ao Gerenciamento de Projetos.

Ele é o primeiro de uma série de 11 livros, esse Introdutório e um para cada Área de Conhecimento em Projetos.

A série de livros foi criada para capacitar você a ter sucesso em seus projetos, ou seja, ensinar você a transformar seus sonhos em realidade e a alcançar seus objetivos através de projetos bem planejados e executados.

De forma mais detalhada, a estrutura do livro é composta por:

- Prefácio: O porquê do livro, como o livro é organizado e como tirar o melhor proveito do livro.

- Introdução: Questões endereçadas (o problema a ser solucionado);

- Parte I - Os fundamentos: Base de gerenciamento de projetos e respostas as questões essenciais para iniciar seu projeto;

- Parte II - Seu Projeto: Passos necessários para gerenciar seu projeto do início até o seu encerramento e convite para aplicar o conhecimento em um projeto proposto para aumentar sua qualidade de vida e usado como exemplo.

  "Quem estuda e não pratica o que aprendeu, é como o homem que lavra e não semeia. " Provérbio Árabe

- Conclusão: revisão de como usar as melhores práticas de gerenciamento de projetos e aperfeiçoá-las de forma contínua.

- Recursos adicionais: Resumo com as soluções do escritório de projetos, templates, ferramentas e informações adicionais para lhe ajudar em seus projetos.

Para tornar a leitura mais dinâmica e facilitar seu aprendizado proponho alguns diálogos. Desta forma, espero captar sua atenção e motivar você para refletir sobre o tema adquirindo conhecimento e descobrindo formas de aplicar o conhecimento adquirido.

Usarei o itálico para realçar esses diálogos e incluirei uma chamada para você como essa:

SUA VEZ: Eduardo, o que esses diálogos ajudarão em meus projetos?

EU: Essa é uma forma de me aproximar de você. Quero muito agregar valor na sua vida e espero assim obter seu feedback das suas necessidades e aperfeiçoar nossas soluções, além de criar novas. Conte comigo em seus projetos que eu já estou contando com você nos meus.

Adicionalmente, você contará sempre com casos reais onde poderá validar o que aprendeu e aplicar em seus projetos. Os casos apresentam o que você deve fazer para obter êxito (o que usei com sucesso), mas, também, os erros mais comuns repetidos em várias organizações para você evitá-los.

Por último, para agregar mais valor à sua leitura, adquirindo o livro, você ganha o direito de participar de um Grupo de interesse chamado Kit Qualidade de Vida para esclarecer todas as suas dúvidas relacionadas ao livro, ao seu projeto de qualidade de vida e ao KIT. Você poderá também fazer o download do Kit, trocar experiências com outros leitores, participar de eventos, compartilhar suas conquistas, solicitar melhorias nas soluções existentes, etc.

Saiba como obter o KIT e participar do grupo.[2]

Entre em contato comigo caso tenha alguma sugestão ou crítica sobre o livro e as soluções apresentadas.

Eduardo Montes, PMP
eduardo@escritoriodeprojetos.com.br
Seu feedback é crucial para me ajudar a ajudar você.

1   Introdução

Gostaria de iniciar nosso diálogo com algumas perguntas. Peço que responda antes de passar para a próxima.

- *Você é ou já foi gerente de projeto?*
- *Você gerencia ou já gerenciou um projeto?*
- *Você já passou no Vestibular?*
- *Já fez uma viagem para o exterior?*
- *Já conseguiu algo bem complicado que queria muito?*

Se você respondeu de forma afirmativa a alguma das questões, você já foi gerente de projeto e já gerenciou um projeto.

Nessas situações, você precisou se planejar ou aconteceu algum imprevisto que impediu ou atrasou você de alcançar seu objetivo?

Segundo a principal referência mundial sobre gerenciamento de projetos, e inclusive o livro mais lido e vendido no mundo sobre o assunto e também minha recomendação para seu aprendizado, o Guia PMBOK®, *Projeto é um esforço temporário empreendido para criar um produto, serviço ou resultado único.* (PMI®, 2017 p. 4)

Então se você precisou se esforçar para passar no vestibular, ou para fazer aquela viagem tão esperada, ou ainda para tirar aquela certificação tão importante para conseguir sua promoção, você foi o gestor do seu projeto.

Tenho certeza que você é capaz e já realizou muitos projetos e transformou alguns sonhos em realidade, mas, também tenho a mesma certeza que enfrentou muitas dificuldades e que teve que abandonar ou suspender temporariamente alguns dos seus sonhos.

E agora, pensando um pouco no seu futuro. Você tem claro onde quer chegar? Você se planeja para isso?

Se você quer alcançar grandes realizações no futuro, saiba que precisará se planejar para isso.

Você pode alcançar seus objetivos, mas, existem sempre várias formas de alcançá-los. Estou aqui para lhe mostrar as formas mais inteligentes de alcançá-los da forma mais rápida, com o menor esforço e com os melhores resultados.

Então, vamos agora responder à pergunta mais importante. COMO?

A resposta curta: Uso das melhores práticas em busca da melhoria contínua.

A resposta pode ser curta, contudo, implementá-la com êxito demandará muitas horas de estudo, dedicação e prática.

Vamos então explicar o que é o uso das melhores práticas e a melhoria contínua.

Uso das melhores práticas

Normalmente existem várias alternativas para alcançar um determinado resultado; a melhor prática é a forma mais eficaz de alcançá-lo. Ela é reconhecida como superior as demais disponíveis por gerar um melhor resultado com um menor esforço.

Guia PMBOK®

O maior exemplo na área de gerenciamento de projetos é o Guia do Conhecimento em Gerenciamento de Projetos (Guia PMBOK®, do Inglês, Project Management Body of Knowledge) que identifica um subconjunto de conhecimentos em gerenciamento de projetos geralmente reconhecidos como boas práticas. (PMI®, 2017 p. 2)

O Guia PMBOK® contribui de forma direta no aperfeiçoamento do gerenciamento de projetos. Já são mais de 5 milhões de cópias em circulação comprovando o sucesso e a importância do livro na área de gerenciamento de projetos. [3]

Além disso, ele já está na sua sexta edição e é revisado de forma contínua com uma nova edição de quatro em quatro anos aproximadamente, aperfeiçoando essas melhores práticas de gerenciamento de projetos.

Melhoria Contínua

Uma das questões mais importantes em qualquer profissão ou área de atuação é a preocupação em sempre obtermos melhores resultados.

O uso das melhores práticas de mercado é uma excelente maneira de alcançá-los, porém, as melhores práticas de hoje estarão obsoletas amanhã e por isso, é fundamental a busca por melhores resultados de forma contínua.

Deming, um dos maiores gurus da qualidade de todos os tempos, defendia amplamente o uso do ciclo PDCA[4], representação mais conhecida da melhoria contínua.

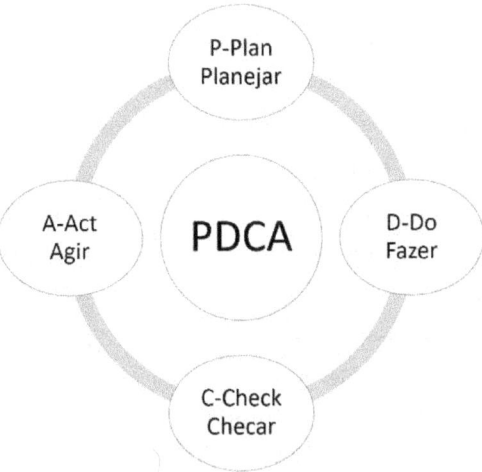

Figura 1.1 Ciclo PDCA

Abaixo o significado de cada letra do ciclo PDCA e as principais atividades de cada etapa:

- P: Plan – Planejar
    - o Identificar oportunidades
    - o Analisar o processo
    - o Gerar alternativas
    - o Criar um plano de ação
- D: Do – Executar
    - o Executar o plano de ação
    - o Envolver as pessoas

- o Implantar alteração de processo
- C: Check – Verificar
  - o Medir o desempenho
  - o Avaliar o desempenho
- A: Act – Agir
  - o Se bem-sucedida: Normatizar e padronizar
  - o Senão: Reiniciar o ciclo

Quando você está analisando um processo com o intuito de aperfeiçoá-lo, você inicia planejando (P: Plan) e quando identifica oportunidades de melhorias, analisa o processo, avalia alternativas e gera um plano de ação.

Depois, passa para a Execução (D: Do) daquilo que foi planejado de modo a envolver as pessoas, capacitá-las, implantar o plano de ação.

Em paralelo a execução, inicia o monitoramento ou checagem (C: Check) onde é medido o desempenho e verificado se existem desvio em relação ao que foi planejado.

Quando for identificado desvios, (A: Act) ações preventivas e corretivas serão tomadas através da análise das causas e identificação das melhores alternativas. Quando o desempenho medido está de acordo com o esperado, normatiza-se e padroniza-se de modo a tornar as alterações testadas parte da operação.

A melhoria contínua é, na minha opinião, o melhor instrumento para garantir a evolução das pessoas e das organizações. Como não pratico o ditado popular "Casa de ferreiro, espeto de pau", a Escritório de Projetos possui um Programa de melhoria continua[5] que é composto de projetos e iniciativas com o intuito de aperfeiçoar os nossos serviços e soluções e ajudar os nossos clientes e usuários a terem sucesso em seus projetos.

E por último, para enfatizar a importância do uso das melhores práticas com a melhoria contínua; as metodologias orientadas a qualidade e reconhecidas mundialmente, como 6sigma, ITIL, COBIT, CMMI, entre outros, descrevem as melhores práticas adotadas dentro da sua área de atuação e como aperfeiçoá-las de forma contínua. [6]

Sua Vez de Participar

EU: Você concorda agora que o uso das melhores práticas em busca da melhoria contínua pode levar você a alcançar melhores resultados com menor esforço?

EU: Então, vamos nos planejar através do Ciclo PDCA da melhoria contínua.

- P: Plan – Planejar
    - o Avaliar o que realmente importa para você, priorizar suas iniciativas e se planejar de acordo com suas prioridades (*);
    - o Estudo: Conhecer as melhores práticas de gerenciamento de projetos. Vamos começar pelo livro;
- D: Do – Executar
    - o Aplicar as melhores práticas;
    - o Buscar formas inteligentes de usar as melhores práticas;
    - o Executar conforme planejado;
- C: Check – Verificar
    - o Avaliar seus resultados;
    - o Avaliar as variações entre o que foi realizado e o planejado;
- A: Act – Agir
    - o Se os resultados foram aperfeiçoados, adotar a melhor prática;
    - o Senão, avaliar as causas e atuar de modo a solucioná-las.

Para iniciar seu estudo das melhores práticas, importante conhecer os fundamentos de gerenciamento de projetos antes de se aprofundar em cada área de conhecimento[7] com a ajuda dos próximos livros da série.

(*) Veja em detalhes minha sugestão de como aplicar os conhecimentos adquiridos no Capítulo Sua vez de participar.

Próximos capítulos

Antes de detalhar cada área de conhecimento a ser explorado nos outros livros da série, é necessário compreender alguns conceitos essenciais para o bom entendimento das áreas de conhecimento em projetos.

No capítulo Fundamentos (Parte I do livro) serão explicados esses conceitos respondendo a questões chaves que lhe darão a base de gerenciamento de projetos necessária para aprofundar nas Áreas de Conhecimento:

- Você já sabe o que é um projeto?

- Conhece a diferença entre Projeto e Operação?

- Percebe a importância do Gerenciamento de Projetos?

- Sabe o que compõe o Ciclo de vida do Projeto?

- Compreende por que é necessário usar premissas em um projeto?

- Entende porque as restrições do seu projeto são importantes?

- Conhece a Restrição Tripla e como ela interfere nas suas decisões?

- Compreende como a Estrutura organizacional interfere em seus projetos?

- Percebe os benefícios de criar um Portfólio de Projetos?

- Sabe por que projetos são agrupados em um programa?

Se você já sabe responder as questões acima, fique à vontade para ir direto a _parte II_ para iniciar seu projeto.

Na Parte II do livro, explicarei como gerenciar um projeto iniciando pela concepção e análise de viabilidade do projeto, detalhando seu planejamento, executando o que foi planejado, monitorando para identificar mudanças e desvios e finalizando com o encerramento do projeto.

No capítulo SUA VEZ DE PARTICIPAR, você será convidado a iniciar um projeto para aumentar sua qualidade de vida ou para escolher um projeto a ser revisado nos próximos capítulos do livro.

Os próximos capítulos estão estruturados de forma lógica em cinco Grupos de Processos, onde cada grupo de processos descreve os passos essenciais para garantir o sucesso do seu projeto usando como exemplo o Projeto Qualidade de Vida:

- Iniciação: Levantamento inicial para analisar viabilidade do projeto;

- Planejamento: Refinamento do levantamento inicial e Definição de como o projeto será executado, monitorado e encerrado.

- Execução: Realizar o que foi planejado;

- Monitoramento e Controle: Medir o desempenho e tomar ações corretivas e preventivas sempre que forem identificados desvios e mudanças;

- Encerramento: Validar se os objetivos foram alcançados, encaminhar pendências e revisar as lições aprendidas do projeto.

E finalmente, a Conclusão com as considerações finais reforçando como aplicar o conhecimento adquirido e a seção Recursos adicionais com as soluções do Escritório de Projetos, templates, ferramentas e informações adicionais para lhe ajudar em seus projetos e reforçar seu aprendizado.

PARTE I

OS FUNDAMENTOS

2 Fundamentos

Os fundamentos compõem a base de gerenciamento de projetos e respondem as questões que lhe darão o entendimento necessário para aprofundar nas Áreas de Conhecimento.

O que é um projeto?

Como já citado na Introdução, segundo o Guia PMBOK®, *Projeto é um esforço temporário empreendido para criar um produto, serviço ou resultado único.* (PMI®, 2017 p. 4).

Projeto é um esforço temporário empreendido para criar um produto, serviço ou resultado exclusivo (PMBOK).		
Temporário • Início • Término	**Entregas exclusivas** • Produto • Serviço • Resultado	**Exemplos de Projetos** • Reforma da casa • Casamento • Viagem

Figura 2.1 Definição de projeto

O projeto é temporário por ter uma data prevista para iniciar e uma data prevista para terminar. Ele gera entregas exclusivas que podem ser serviços, produtos ou resultados específicos.

Por exemplo, a Reforma de uma casa tem uma data prevista para iniciar e também uma previsão de término e também gera entregas exclusivas, como a pintura dos cômodos, reforma da parte hidráulica, etc.

Conheça alguns projetos que podem lhe ajudar no seu planejamento:

- Viagem dos seus sonhos [8]
- Reforma de sua casa [9]
- Abertura de sua empresa [10]
- Criação de um treinamento [11]
- Projeto de Instalações hidráulicas de um hotel [12]
- Fábrica de parafusos [13]
- Criação de um Aquário [14]
- Loja Virtual [15]
- Projeto de Inclusão Social [16]
- Sistema GED [17]
- Implantação de um Escritório de Projetos - PMO[18]
- Plano de Carreira de um Gerente de Projetos[19]
- Construção de um Robô[20]

Projeto X Operação

EU: Conhece a diferença entre Projeto e Operação?

Importante saber o que projeto e operação tem em comum e quais são as principais diferenças.

Apesar do livro e de sua série ser voltada para gerenciamento de projetos, muitos dos conceitos apresentados podem ser aplicados na operação da sua empresa e no seu dia-a-dia. Conheça na tabela abaixo o que eles têm em comum e suas diferenças.

Tabela 2.1 Projeto X Operação

	Projeto	Operação
Duração	Temporário	Contínua
Produto	Exclusivo	Repetitiva
Recurso	Por projeto	Por função
Foco	Expandir o negócio	Manter o negócio
Processos[21]	De gestão de projetos & Orientados aos produtos e serviços entregues pelo projeto	Orientados aos produtos e serviços entregues pela operação
Em comum (Projeto e Operação)	Executado por Pessoas Limitado aos recursos disponíveis Planejado, executado e controlado para atingir objetivos da organização	

O que é Gerenciamento de Projetos?

Já conseguiu perceber a importância do Gerenciamento de Projetos?

Então vamos avaliar a definição de gerenciamento de projetos segundo o Guia PMBOK®.

Figura 2.2 Definição de Gerenciamento de Projetos

Gerenciamento de projetos é a aplicação de conhecimentos, habilidades, ferramentas e técnicas às atividades do projeto a fim de cumprir os seus requisitos (PMI®, 2017 p. 10).

É o meio para alcançamos nossos objetivos e crescermos como pessoas e profissionais.

Agora, serão discutidos os conhecimentos e as habilidades necessárias.

Também será disponibilizado hyperlinks para as ferramentas e técnicas mais usadas detalhadas nos demais livros da série.

Conhecimentos de Gerenciamento de Projetos

Tanto o Guia PMBOK® em sua sexta edição, quanto a ISO 21500 (Guidance on Project Management, criada em 2012 pela ISO) consideram as mesmas dez áreas de Conhecimento em Gerenciamento de Projetos.

A série de livros criada contém um livro para cada área de conhecimento com o intuito de facilitar seu aprendizado e levar para você o que existe de melhor no mercado para seus projetos.

SUA VEZ: Ah, Eduardo! E quem disse que você e as soluções da Escritório de Projetos podem me ajudar a aprofundar nas áreas de conhecimento?

EU: O Google. E quero lhe convidar para comprovar que o conteúdo disponibilizado na escritoriodeprojetos.com.br e que compartilho com vocês nessa série de livros é o melhor disponível na Internet.

Veja abaixo o ranking por área de conhecimento usando dois tipos diferentes de pesquisa. [22]

Tabela 2.2 Áreas de Conhecimento em Gerenciamento de Projetos com ranking do Google da escritoriodeprojetos.com.br [palavra-chave resumida]

Área de Conhecimento	Ranking
Gerenciamento da integração[23]	1
Gerenciamento do escopo[24]	1
Gerenciamento do cronograma[25]	1
Gerenciamento dos custos[26]	1
Gerenciamento da qualidade[27]	1
Gerenciamento dos recursos[28]	1
Gerenciamento das comunicações[29]	1
Gerenciamento dos riscos[30]	1
Gerenciamento das aquisições[31]	1

Gerenciamento das partes interessadas[32]	1

Tabela 2.3 Áreas de Conhecimento em Gerenciamento de Projetos com ranking do Google da escritoriodeprojetos.com.br [palavra-chave completa]

Área de Conhecimento	Ranking
Gerenciamento da integração do projeto	1
Gerenciamento do escopo do projeto	1
Gerenciamento do cronograma do projeto	1
Gerenciamento dos custos do projeto	1
Gerenciamento da qualidade do projeto	1
Gerenciamento dos recursos do projeto	1
Gerenciamento das comunicações do projeto	1
Gerenciamento dos riscos do projeto	1
Gerenciamento das aquisições do projeto	1
Gerenciamento das partes interessadas do projeto	1

Todas áreas de conhecimento serão abordadas com detalhes nos livros da série, mas, caso você queira antecipar seu estudo, encontrará mais detalhes das Entradas, Ferramentas e técnicas e Saídas dos Processos do Guia PMBOK®[33] de cada área de conhecimento[34] e também poderá contar com as soluções abaixo:

- O Guia de Gerenciamento de Projetos[35]: Guia de gerenciamento de projetos baseado no Guia PMBOK® com templates e exemplos para agilizar seu aprendizado;
- Exemplos de Projetos[36]: Projetos reais com seus artefatos de gerenciamento de projetos para ajudar seus projetos e seu aprendizado;
- Ambiente de auto aprendizado[37]
- Fóruns para esclarecer suas dúvidas[38]
- Metodologia de Projetos em 10 passos[39]

Habilidades em Gerenciamento de Projetos

Habilidade é a capacidade natural ou adquirida que permite que um indivíduo realize um trabalho ou tarefa em particular com sucesso. [40]

Não adianta todo o conhecimento do mundo, se você não sabe ou não consegue aplicá-lo, não adianta a melhor equipe, as melhores práticas, as melhores ferramentas, se você não consegue usá-los de forma efetiva para obter os melhores resultados. Você só conseguirá desenvolver suas habilidades ou até descobri-las, usando-as na prática.

Habilidades em gerenciamento de projetos é sua capacidade de usar seu conhecimento, sua equipe, as pessoas envolvidas, as melhores práticas e as ferramentas disponíveis, enfim, todos os ativos e o ambiente no qual está inserido o projeto de modo a alcançar os objetivos dos seus projetos.

Existem diferentes tipos de habilidades que são mais exigidas conforme as características do projeto (Fatores ambientais da empresa[41], Ativos de processos organizacionais[42], ...). Identifique-as e prepare suas habilidades para usufruir das oportunidades e enfrentar as ameaças que estão por vir.

Por exemplo, em uma empresa onde existe forte competição entre seus funcionários, a habilidade de gerenciar conflitos será mais importante do que em uma empresa onde existe uma cultura mais forte de colaboração.

Para discutir as habilidades mais importantes para gerenciar projetos, uso duas questões da pesquisa feita em 2014 pelo PM Survey.org sobre as habilidades mais valorizadas e as habilidades mais deficientes em gerentes de projetos. (PMSURVEY.ORG, 2014)

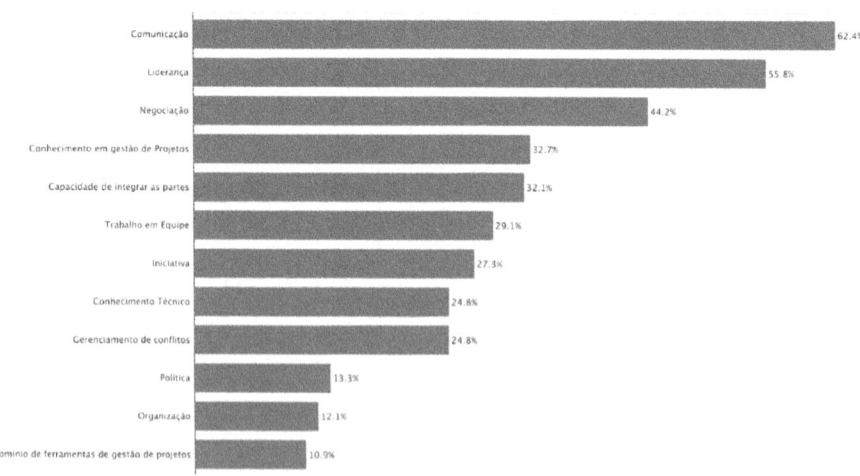

Figura 2.3 Questão 60 - Habilidades mais valorizadas ao gerenciar projetos nas organizações

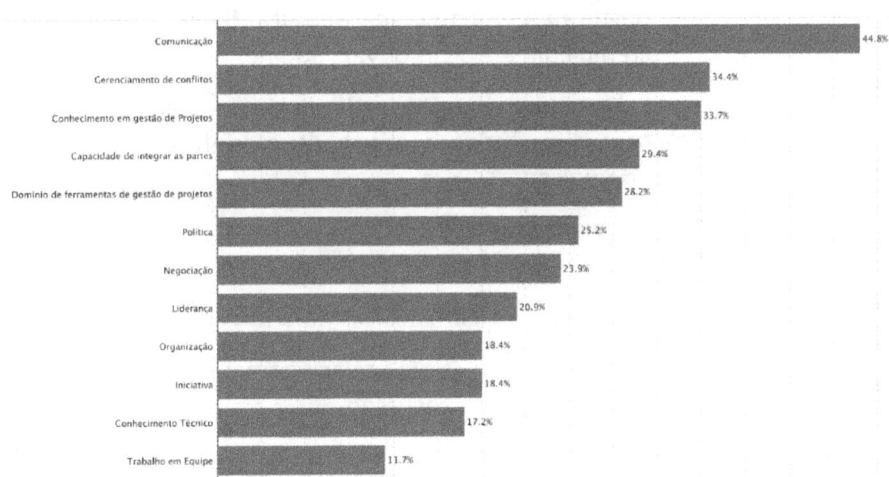

Figura 2.4 Questão 61 - Principais deficiências dos gerentes de projetos nas organizações

Fonte: (PMSURVEY.ORG, 2014)

Baseado na questão 60 sobre as habilidades mais valorizadas, vamos detalhar um pouco mais sobre cada habilidade e sua importância ordenando de acordo com o % citado de cada habilidade.

1. 61,6% - Comunicação (a mais valorizada, citada por 61,6% das organizações):
    a. Existem estudos que o gerente de projetos usa 90% do seu tempo comunicando.
    b. Portanto, extremamente importante, saber comunicar de forma eficaz.
    c. Veja como é um modelo de comunicação e como ser eficaz.[43]
    d. Saiba mais sobre como gerenciar as comunicações do projeto[44].
    e. A comunicação também é considerada a habilidade mais deficiente nos gerentes de projetos (Veja a figura acima da Questão 61).
2. 57.8% - Liderança: Para liderar de forma efetiva é necessário:
    a. Saber motivar a equipe.

b. Liderar através de exemplos. Um erro comum é cobrar uma postura da equipe e agir de outra forma. Isso gera falta de credibilidade e desmotiva a equipe.

c. Saber como capacitar cada membro da equipe entendendo suas deficiências e propondo caminhos e alternativas de aprendizado.

d. Saiba mais no tópico Estratégias para engajar a equipe do capítulo Grupo de Processos de Execução.

3. 43.6% - Negociação: Algumas dicas para facilitar sua negociação:

a. Mantenha um bom relacionamento com os gerentes responsáveis por recursos.

b. Identifique os principais interesses e motivações desses gerentes, como métricas que compõe seu bónus, interesses pessoais etc.

c. Identifique os recursos mais escassos da empresa e mantenha-se alinhado com eles.

d. Faça o máximo para manter um bom relacionamento com todos na empresa.

e. Sempre entenda os interesses dos demais e ajude-os quando puder.

f. A negociação é sempre facilitada quando você conhece os interesses e têm um bom relacionamento com a outra parte.

g. Crie relações de confiança e de longo prazo.

h. Saiba mais sobre Negociação no capítulo Grupo de Processos de Execução.

4. 32.7% - Conhecimento em gestão de projetos:

a. Mais importante do que aprender a gerenciar projetos, é usar seu conhecimento para ter mais sucesso em seus projetos.

b. Use esse livro para obter conhecimento em gestão de projetos (Ele é organizado para facilitar seu aprendizado e principalmente a aplicação em seus projetos).

   c. Tire suas dúvidas sobre gestão de projetos em nossos Fóruns[45].

5. 28.9% - Capacidade de integrar as partes:

   a. O Gerente de Projetos está para o maestro, assim como as partes interessadas, para os integrantes da sinfônica. Ele deve ser capaz de integrar as partes, maximizando as influências positivas e minimizando as resistências aumentando a chance de sucesso do projeto.

   b. Saiba como integrar os processos necessários para gerenciar o projeto[46]

   c. Veja também o artigo O Gerente de Projetos deve Cobrar ou Motivar sua equipe de projeto?[47] Que fala sobre as melhores e as piores práticas para integrar sua equipe.

6. 28.4% - Trabalho em equipe:

   a. O trabalho em equipe está cada dia mais complexo, e o GP deve saber como motivar os membros da equipe a colaborar entre si para que o resultado da equipe seja o melhor possível.

   b. Veja algumas das Lições Aprendidas[48] relacionadas as adversidades atuais do trabalho em equipe:

      i. Equipes Multiculturais[49]

      ii. Equipes Remotas[50]

   c. Saiba como Gerenciar a equipe do projeto[51].

   d. Saiba como trabalhar em grupo pode ser produtivo e prazeroso[52].

7. 27.0% - Iniciativa:

   a. Uma certeza em projetos é que existirão problemas durante o projeto; e a iniciativa é uma habilidade fundamental tanto para reduzir a probabilidade e o impacto deles ocorrem (mitigar os riscos), quanto para solucioná-los rapidamente quando eles ocorrem.

   b. Saiba como Gerenciar o engajamento das partes interessadas[53] para solucionar as questões agilmente.

   c. Saiba mais sobre Registro das questões[54]

8. 27.0% - Conhecimento técnico:

    a. Quanto menor o conhecimento e a experiência nos processos de gerenciamento de projetos, maior a necessidade de um melhor conhecimento técnico.

    b. Normalmente, todo gerente de projetos começa gerenciando projetos onde ele tem bons conhecimentos técnicos. A medida que o GP vai aprendendo a comunicar melhor e a integrar melhor as partes, a importância dessa habilidade diminui.

9. 26.5% - Gerenciamento de conflitos:

    a. Atualmente, os ambientes estão cada dia mais competitivos e com maior pressão, acarretando em mais conflitos.

    b. O gerente de projeto deve mapear rapidamente as partes interessadas e seus principais interesses no projeto, principalmente, as pessoas mais resistentes ao projeto e mais melindrosas, e criar estratégias para reduzir essas resistências e possíveis conflitos.

    c. Para solucionar os conflitos, o GP pode adotar técnicas como Colaborar, Negociação, Imposição, Panos quentes e Retirada.

    d. Saiba mais sobre Gerenciamento de conflitos[55] e as principais técnicas para resolvê-los.

    e. Gerenciamento de conflitos é a segunda habilidade mais deficiente nos GPs nas organizações (Veja Questão 61)

10. 12.8% - Organização:

    a. A organização é uma habilidade fundamental para o GP. O GP deve ser a principal referência (benchmarking) quando o assunto é organização.

    b. Chega a ser até uma questão de credibilidade e de liderar por exemplos. Como você pode exigir organização da equipe, se você não faz a sua parte.

11. 12.3% - Política:

    a. A melhor definição que encontrei para descrever bem a importância da política é "habilidade no relacionar-se com os outros, tendo em vista a obtenção de resultados desejados".

b. O GP deve ter um ótimo relacionamento dentro e fora da sua organização para obter os resultados desejados do seu projeto, i.e., ter sucesso em seus projetos.

c. Relacionar-se bem com as partes interessadas é uma arma poderosa para solucionar os conflitos e os problemas do projeto quando eles ocorrem.

12. 10.0% - Domínio de ferramenta de gestão de projetos:

a. Se você quer gerenciar projetos é fundamental que tenha ótimos conhecimentos nas ferramentas necessárias para gerenciar os projetos.

b. Conheça nossas Soluções em gerenciamento de projetos[56].

Vale ressaltar que cada gerente de projetos tem seu conjunto de habilidades sendo melhor em algumas habilidades e pior em outras, porém, o mais importante é saber usá-las e adaptar-se de modo a resolver as questões agilmente, conectar as partes interessadas e proporcionar um ambiente adequado para o sucesso do projeto.

Nas situações mais adversas:

- Lembre-se de usar as partes interessadas influentes e que apoiam o projeto para ajudá-lo;

- Lembre-se também das pessoas que já podem ter passado pelas mesmas situações, como o PMO (responsável pela área de Projetos) ou gerentes de projetos mais experientes;

- Muitas vezes, uma boa conversa ajudará você a identificar as melhores alternativas.

E por último, Ética vem sempre em primeiro lugar. Nunca minta ou engane as pessoas; se você perder a credibilidade, dificilmente conseguirá recuperá-la. Um gerente de projetos sem credibilidade é incapaz de gerenciar qualquer projeto.

Veja também algumas das habilidades agrupadas em habilidades interpessoais e de gerenciamento.

Algumas das Habilidades interpessoais[57] que são fundamentais para gerenciar sua equipe e as expectativas das partes interessadas:

- Liderança;

- Desenvolvimento da equipe;

- Motivação;

- Comunicação;

- Influência;

- Processo decisório;

- Conhecimento político e cultural;

- Negociação.

Algumas das Habilidades de gerenciamento[58]:

- Liderar (1 + 1 = 3): a soma do trabalho em equipe deve ser maior que a soma dos trabalhos feitos de forma individual;

- Habilidades de apresentação;

- Negociação;

- Habilidades de redação;

- Capacidade de falar em público.

Ferramentas e Técnicas de Gerenciamento de Projetos

Para gerenciar seu projeto, é necessário usar as melhores ferramentas e soluções de mercado. Usar uma ferramenta inadequada pode atrasar seu projeto e impactar na sua produtividade e da sua equipe gerando desanimo e um sentimento de desvalorização.

Conheça abaixo as principais ferramentas de gerenciamento de projetos, tendo como base o Guia PMBOK® e suas respectivas áreas de conhecimento:

- Ferramentas genéricas do Guia PMBOK®[59]

- Ferramentas de escopo do Guia PMBOK®[60]

- Ferramentas de cronograma do Guia PMBOK®[61]

- Ferramentas de custos do Guia PMBOK®[62]

- Ferramentas de qualidade do Guia PMBOK®[63]

- Ferramentas de recursos do Guia PMBOK®[64]

- Ferramentas de comunicações do Guia PMBOK®[65]

- Ferramentas de riscos do Guia PMBOK®[66]

- Ferramentas de aquisições do Guia PMBOK®[67]

Conheça também as Ferramentas Gratuitas de Gerenciamento de projetos[68] disponibilizadas para aumentar a produtividade da sua equipe, motivando e facilitando o cumprimento dos objetivos do projeto.

E agora que aprendemos a importância de aplicar conhecimentos, habilidades e ferramentas e técnicas para alcançar melhores resultados em nossos projetos, vamos aumentar nosso conhecimento discutindo um pouco mais sobre conceitos chaves que compõe os fundamentos do gerenciamento de projetos.

Ciclo de vida do Projeto

EU: Sabe o que compõe o Ciclo de vida do Projeto?

O conjunto de fases do projeto correspondem ao **ciclo de vida do projeto**.

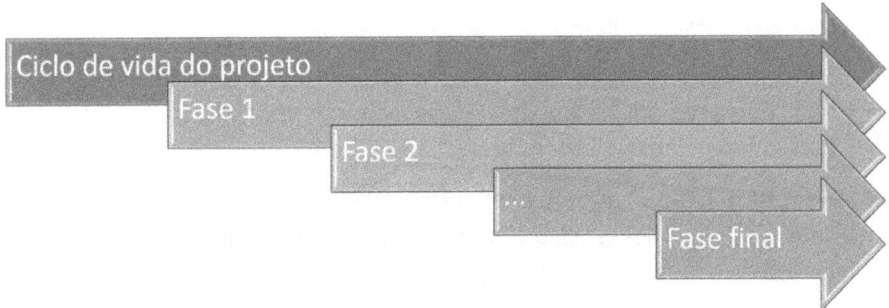

Figura 2.5 Ciclo de vida do projeto

Fases do Projeto

As fases do projeto são as divisões feitas visando um melhor controle gerencial e adequação aos processos da organização. Elas podem ser sequenciais ou sobrepostas.

Organize seu projeto em fases que fazem mais sentido para você e para os principais envolvidos.

Por exemplo: A reforma da casa pode ter como fases:

1. Especificação;

2. Contratação dos serviços e materiais;

3. Reforma Interna;

4. Reforma Externa.

Cada fase do projeto contém várias entregas a serem feitas e seus marcos correspondentes.

Uma entrega é um produto tangível e verificável. No exemplo da fase de Contratação dos serviços e materiais, temos como possíveis entregas, o contrato assinado com o fornecedor que fará a reforma e cada compra feita dos materiais e equipamentos necessários para a obra.

Os marcos são os momentos mais importantes do projeto; quando se conclui ou inicia as fases ou entregas principais. No exemplo da reforma da minha casa, o marco mais importante era a conclusão da reforma interna que viabilizou minha mudança para a casa e a liberação do apartamento que eu já havia vendido.

Na conclusão de uma fase, deve-se revisar se as entregas feitas atendem aos requisitos desejados, decidindo pela continuação ou não do projeto e corrigindo os erros detectados.

Requisito é algo que foi requerido, uma condição a ser atendida para satisfazer uma necessidade e será detalhado no tópico Requisito do capítulo Grupo de Processos Iniciação.

Ciclo de vida do Produto X Ciclo de vida do Projeto

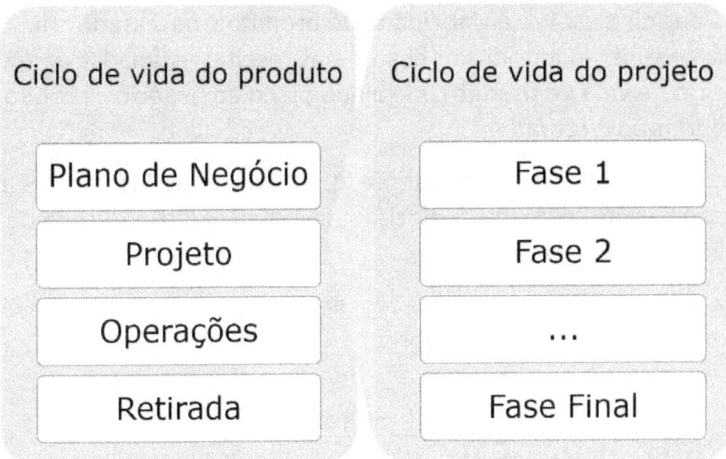

Figura 2.6 Ciclo de vida do Produto X Ciclo de vida do Projeto

O ciclo de vida do produto corresponde a todas as fases relacionadas a existência de um produto. Normalmente estas fases são:

- Plano de Negócio: onde é feita a análise de viabilidade do produto. Pode ser também considerado como uma fase do projeto ou um projeto separado;

- Projeto: depois de avaliado a viabilidade do produto, é feito um projeto para a criação do produto e para preparar para o início da operação do produto, processo único, corresponde ao ciclo de vida do projeto;

- Operação: Fabricação ou produção em massa do produto, processo contínuo.

- Retirada: onde será planejado como o produto será retirado do mercado e será executado a retirada do produto de mercado.

Tanto a retirada, quanto o Plano de negócio possuem entregas exclusivas e tem data de início e término, portanto têm as características de um projeto e podem ser gerenciados como projetos específicos.

Análise de Viabilidade

Para decidir-se sobre a viabilidade do produto é necessário criar um fluxo de caixa considerando todos os custos e as receitas estimadas de todas as fases do ciclo de vida do produto, incluindo plano de negócios, projeto, operação, manutenção e retirada.

A partir do fluxo de caixa estimado, calcula-se os indicadores necessários que apoiaram a tomada de decisão, como a TIR (Taxa Interna de Retorno) e o VPL (Valor Presente Líquido).

Veja nossa planilha de Avaliação de Projetos.xlsx[69] com um exemplo de fluxo de caixa com os indicadores.

Premissas de um projeto

EU: Compreende por que é necessário usar premissas em um projeto?

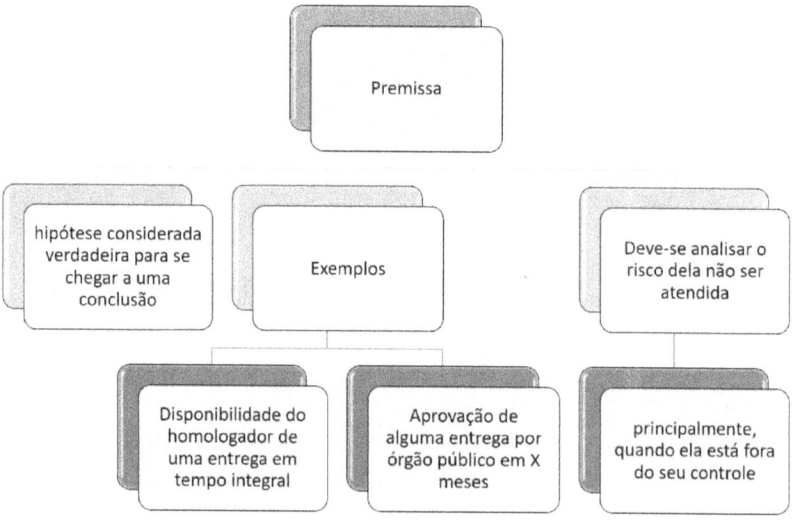

Figura 2.7 Premissas de um projeto

Uma premissa é uma hipótese considerada verdadeira para se chegar a uma conclusão. Como nossos projetos envolvem incertezas e dependem de outras partes que você não controla, você precisará considerar algumas hipóteses verdadeiras para concluir seu planejamento.

Então, as premissas do projeto são os fatores considerados verdadeiros sem prova para fins de planejamento e *se elas não forem atendidas o prazo e/ou o orçamento do projeto está comprometido*.

O mais importante sobre as premissas é analisar o risco de não ser atendida, principalmente, quando ela está fora do seu controle. Se a premissa não for verdadeira, seu planejamento não ocorrerá conforme previsto e pode comprometer o sucesso do seu projeto.

Portanto, você deve criar um risco relacionado com o não atendimento da premissa e analisar como tratá-la.

Um exemplo comum no desenvolvimento de sistemas é a premissa da disponibilidade do responsável pela homologação em tempo integral no período de homologação. Uma forma de tratar quando você é uma empresa fornecedora é incluir uma multa (reembolso adicional) no contrato caso o responsável pela homologação não esteja presente no tempo previsto. Se for equipe interna, pode aceitar-se o risco e incluir uma reserva de contingência geral para esse e outros riscos.

Uma outra premissa em projetos que muitas vezes leva até ao cancelamento do projeto, é a aprovação de alguma entrega do seu projeto por órgãos públicos. Você não tem o controle se será aprovado e quanto tempo demorará a aprovação. Por isso, deve avaliar como tratar esse risco.

Restrições de um projeto

EU: Entende porque as restrições do seu projeto são importantes?

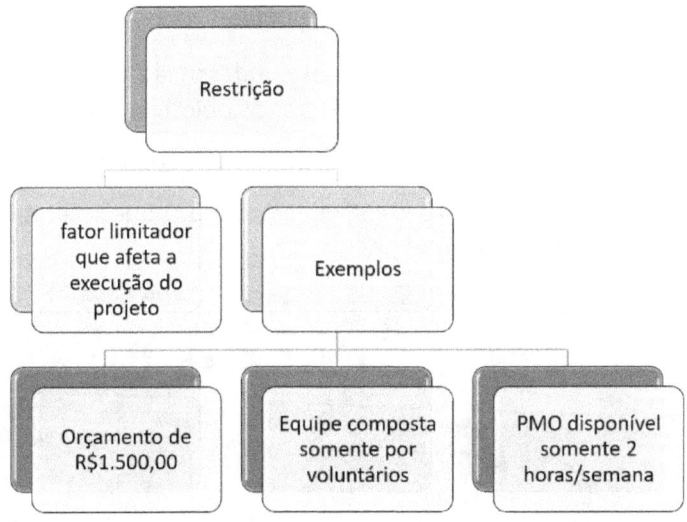

Figura 2.8 Restrições de um projeto

As restrições do projeto são <u>limitações impostas</u> a equipe do projeto que podem afetar o desempenho da equipe no projeto e não podem ser violadas, portanto, devem ser respeitadas e devidamente analisadas e tratadas. Elas podem ser organizacionais, ambientais e externas.

Elas são muito importantes, pois, se não forem atendidas, o sucesso do seu projeto está comprometido. Quando você já sabe que não poderá cumprir uma restrição, o projeto deverá ser cancelado ou reavaliado.

Alguns exemplos de restrições comuns nos projetos:

- Orçamento previamente definido, você não poderá ultrapassar aquele orçamento.

- Ninguém da equipe poderá fazer horas extras.

- Datas impostas (deadlines) para conclusão de alguma entrega ou fase do projeto, você não poderá ultrapassar de forma alguma.

- Quando seu projeto é feito baseado em um contrato, algumas cláusulas contratuais são restrições, pois, limitam o desempenho do projeto e devem ser cumpridas.

- Membros da equipe que só podem trabalhar em determinado período (Ex.: Somente no fim de semana).

Escopo - a essência do projeto

O escopo é o que será feito no projeto; a descrição detalhada dos produtos e serviços a serem gerados para atender os objetivos do projeto.

Uma definição de escopo malfeita implicará em um projeto malsucedido.

Ele responde a duas questões chave do projeto O que? (Escopo do Produto) e Como? (Escopo do Projeto)

Figura 2.9 Escopo do Produto X Escopo do Projeto

O Escopo do produto responde à questão chave "o que" e é composto pelos produtos a serem construídos e seus requisitos, ou seja, as condições a serem atendidas pelo produto.

O Escopo do projeto responde à questão chave "como" e é composto pela Estrutura Analítica do Projeto (EAP) e seu dicionário e define como o trabalho necessário para construir os produtos do projeto com seus requisitos será organizado (estruturado).

O que? (Escopo do Produto) com seus produtos e requisitos e Como? Escopo do Projeto com sua EAP e seu dicionário são detalhados no capítulo Grupo de Processos Iniciação.

Restrição Tripla em projetos

EU: Conhece a Restrição Tripla e como ela interfere nas suas decisões?

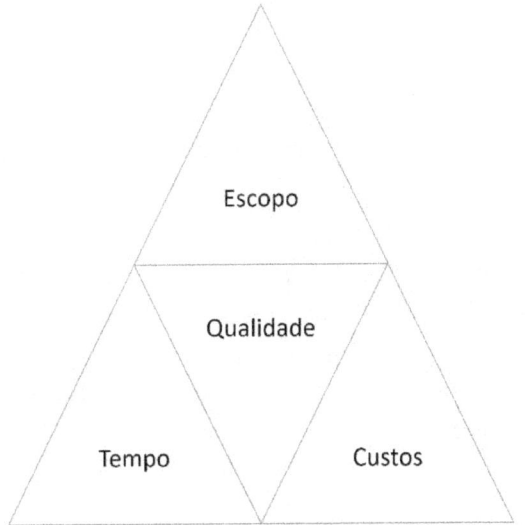

Figura 2.10 Restrição tripla em projetos

Como diz o ditado popular: "*Não existe almoço grátis*".

Talvez essa seja uma boa forma de explicar a restrição tripla em projetos, também conhecida como triângulo das restrições ou tríplice restrição.

Se alguém quer algo, ele pagará por isso de alguma forma.

Em projetos, você tem três áreas essenciais para produtos ou serviços de qualidade (Escopo, Prazo e Custo).

Um produto ou serviço de qualidade deveria:

- Atender as necessidades implícitas e explícitas do Cliente (Escopo);
- Ser disponibilizado a tempo (Prazo);
- E ter preço e custos compatíveis (Custo).

Seu patrocinador ou cliente, como todos nós, sempre vai querer obter o maior número de benefícios possível, ele muitas vezes, irá lhe solicitar o serviço bom, barato e rápido. Como mostra a imagem ao lado, você deve apresentar as alternativas possíveis:

- Para aumentar escopo, você precisa aumentar o custo e/ou o prazo;
- Para diminuir o prazo, você precisa aumentar o custo e/ou reduzir o escopo;
- Para diminuir o custo, você precisa reduzir o escopo.

Não é possível, você aumentar o escopo, reduzindo o custo e o prazo. Para fazer mais, você precisará de mais recursos e consequentemente será mais caro e / ou mais demorado.

Isso é uma regra geral. É claro que existem projetos que foi previsto uma boa margem de contingência, onde você consegue aumentar o escopo, sem aumentar o custo e o prazo planejado.

Porém, isso só mostra que foi previsto contingências para o projeto (como, um possível aumento no escopo), e que de certa forma, o cliente pagou mais caro por isso.

Estrutura organizacional

EU: Compreende como a Estrutura organizacional interfere em seus projetos?

A estrutura organizacional interfere diretamente na autoridade e no poder do gerente de projeto (GP) em seu projeto e na sua organização.

Existem 3 tipos de estruturas nas organizações:

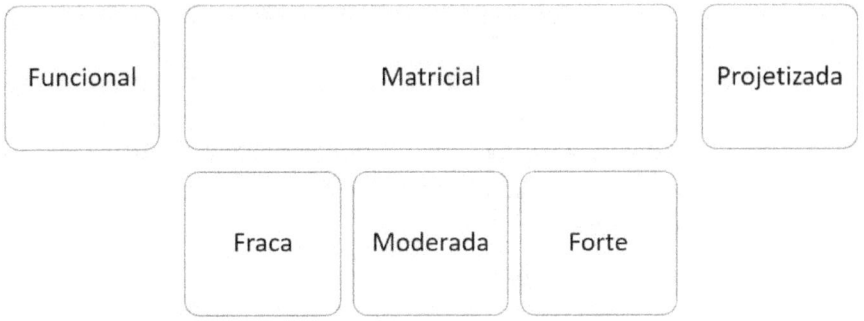

Figura 2.11 Estrutura organizacional

Estrutura Organizacional Funcional

Onde a empresa é organizada por funções e cada colaborador tem um chefe imediato, seja ele um coordenador, supervisor, gerente, etc. dependendo do nível hierárquico. Na Funcional, o GP terá mais dificuldade em engajar a equipe do projeto porque cada membro da equipe reporta diretamente para um gerente funcional. Por esse motivo, o GP deve buscar o engajamento dos gerentes funcionais no seu projeto, principalmente, aqueles que possuem parte da sua equipe trabalhando no projeto.

Essa ainda é a estrutura mais adotada pelas organizações e também a mais antiga estabelecida. Empresas que fabricam e vendem produtos, principalmente, matérias primas ou produtos com poucas variações, normalmente, possuem menor necessidade de projetos, e, portanto, mais provável selecionarem a estrutura funcional.

Estrutura Organizacional Projetizada

Onde a empresa é organizada por projetos. Muito comum em empresas como consultorias e empresas de engenharia que tem como o negócio principal, os projetos (Quanto maior a necessidade de projetos, mais provável a estrutura projetizada). Nesse tipo de organização, cada colaborador está alocado em um ou mais projetos e respondem ao próprio gerente do projeto. Na projetizada, o GP tem autoridade, o que facilita o engajamento da sua equipe.

Estrutura Organizacional Matricial

Onde a empresa é organizada tanto por função quanto por projeto e onde cada funcionário pode responder tanto para um chefe funcional, quanto para um ou mais gerentes de projetos. Apesar de ser um tipo de estrutura mais recente, várias organizações funcionais têm migrado para esse tipo de estrutura.

Ela pode ser classificada em:

- Fraca;
- Moderada;
- Ou forte.

Dependendo da força que o gerente de projetos tem na organização.

Influência dos tipos de estrutura das organizações nos projetos

A tabela abaixo adaptada da tabela 2-1 do Guia PMBOK® mostra a influência de cada tipo de estrutura das organizações nos projetos (PMI®, 2017 p. 47).

Tabela 2.4 Tipos de estrutura das organizações nos projetos

Estrutura da organização	Funcional	Matricial			Projetizada
		Fraca	Moder.	Forte	
Autoridade do GP	Pouca	Limitada	Moder.	Alta	Alta
Recursos disponíveis	Poucos / nenhum	Limitada	Moder.	Alta	Alta
Função do GP	Tempo parcial	Parcial	Total	Total	Total
Quem controla o orçamento	Gerente funcional	Gerente funcional	Misto	GP	GP
Equipe de GP	Tempo parcial	Parcial	Parcial	Total	Total

GP: Gerente de Projeto / Gerenciamento de Projetos

Boa parte das organizações, optam pela estrutura funcional ou ainda pela estrutura matricial fraca, onde o gerente de projeto tem pouco influência em relação aos colaboradores e quem determina as promoções, desligamentos, e qualquer tipo de benefício ou punição ainda é o gerente funcional.

Portfólio de Projetos e Programas

EU: Percebe os benefícios de criar um Portfólio de Projetos?

Portfólio de Projetos

Portfólio de Projetos é a consolidação dos projetos da empresa ou de uma área da empresa com o intuito de gerenciar melhor os recursos compartilhados e obter melhores resultados.

Em muitas organizações, é criado um Escritório de Projetos ou PMO (Project Management Office) para gerenciar o Portfólio de Projetos e é contratado um PMO (Project Management Officer) para ser o Head da área.

Caso não exista um escritório de projetos, o Portfólio de Projetos normalmente é gerenciado pelo próprio responsável pela área (Diretor, VP, ...). Por exemplo, o portfólio dos projetos da TI é o conjunto de projetos das áreas de Tecnologia de Informação que compartilham vários recursos de modo a obter melhores resultados da área. Nesse caso o CIO (Chief Information Officer) é o responsável pelo portfólio que pode ter um PMO abaixo dele respondendo pelo portfólio de projetos da TI.

Em algumas organizações, existe um PMO corporativo que é responsável pela gestão do portfólio dos projetos mais estratégicos da empresa. O PMO Corporativo normalmente reporta diretamente ao Presidente da empresa.

A criação de uma estrutura para gerenciar o portfólio de uma empresa ou de uma área específica traz vários benefícios para a organização, mas, deve ser implementada de forma estratégica e com o suporte da alta direção já que envolve questões de poder e consequentemente resistência por parte dos envolvidos.

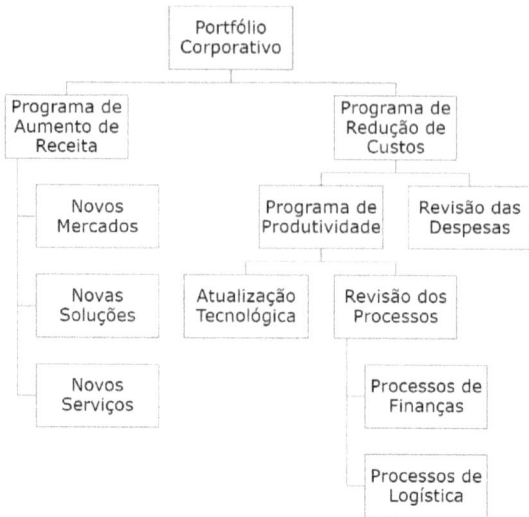

Figura 2.12 Portfólio de Projetos

Programa

Segundo o Guia PMBOK®, um programa é um grupo de projetos, programas subsidiários e atividades de programa relacionados gerenciados de modo coordenado visando a obtenção de benefícios que não estariam disponíveis se eles fossem gerenciados individualmente. (PMI®, 2017 p. 11)

Um programa deve atender um objetivo estratégico da organização.

Por exemplo: Cria-se um programa de redução de custos com o intuito de reduzir os custos da organização em 10% do orçamento de 2016.

A partir daí, são criados vários projetos para atender esse objetivo que podem ter um gerente de projetos, porém, serão gerenciadas também através do programa criado.

O gerente do programa é responsável para atender a meta do programa (no nosso exemplo, redução de 10% do orçamento da empresa) e cada projeto individual que faz parte do programa contribui para o atingimento dessa meta de forma específica.

Diferenças entre Portfólio de Projetos e Programa

EU: Sabe a diferença de um Portfólio de Projetos e de um Programa?

Para explicar um pouco melhor os dois conceitos e como eles se relacionam, veja a tabela abaixo com as suas diferenças.

Tabela 2.5 Diferenças entre Portfólio de Projetos e Programa

Tópico	Portfólio de Projetos	Programa
Duração	Não termina. Faz parte da operação do PMO. Sempre que houver projetos, existirá um Portfólio	Tem data para iniciar e data para acabar
Objetivo estratégico	Deve atender a todos objetivos estratégicos da organização através da priorização dos projetos e dos programas	Atende normalmente a um objetivo estratégico e com uma meta específica. Exemplo: Programa de redução de custos deve reduzir o orçamento do ano em 20%
Relação entre ambos	O portfólio contém os programas da área	Um programa está contido em um portfólio de projetos

Áreas de Conhecimento

Como já explicado anteriormente no tópico Conhecimentos de Gerenciamento de Projetos, existem 10 áreas de conhecimento em gerenciamento de projetos.

Integração
Escopo
Tempo
Custos
Qualidade
Recursos Humanos
Comunicação
Riscos
Aquisições
Partes interessadas

Figura 2.13 Áreas de conhecimento em gerenciamento de projetos

Para cada área de conhecimento, temos uma seção para explicar o que é a área de conhecimento, seus fundamentos e todos os seus processos definidos no Guia PMBOK®.

Para cada um de seus processos, apresentamos suas entradas, ferramentas e técnicas e suas saídas.

Sempre oferecendo exemplos práticos, templates e informações complementares para auxiliar no seu entendimento.

Todas essas informações estão disponíveis no site e também (um volume para cada área de conhecimento) na série de livros no qual esse livro faz parte (primeiro da série).

Abaixo os links de cada área de conhecimento para obter maiores informações:

Gerenciamento da integração do projeto

Gerenciamento do escopo do projeto

Gerenciamento do cronograma do projeto

Gerenciamento dos custos do projeto

Gerenciamento da qualidade do projeto

Gerenciamento dos recursos do projeto

Gerenciamento das comunicações do projeto

Gerenciamento dos riscos do projeto

Gerenciamento das aquisições do projeto

Gerenciamento das partes interessadas do projeto

Usarei a técnica 5W2H[70] no capítulo Grupo de Processos Iniciação para introduzir os principais conceitos das áreas de conhecimento e lhe explicar como podemos avaliar seu projeto.

Posteriormente, esses conceitos serão detalhados em cada livro da série.

Próximos Passos

Gerenciar projetos com sucesso é uma busca contínua das melhores práticas com o intuito de aplicá-las e aperfeiçoá-las a cada uso.

O capítulo cobriu os fundamentos das melhores práticas esclarecendo os seus principais conceitos.

Agora é hora de arregaçar as mangas e começar a aplicar o conhecimento adquirido. No próximo capítulo, explicarei de forma sumária como aplicá-lo em um projeto do início até seu encerramento usando como referência principal o Ciclo PDCA explicado no capítulo de Introdução no tópico Melhoria Contínua. Depois detalharei cada um dos passos necessários e seus respectivos processos de gerenciamento de projetos e grupos de processos no capítulo Processos e Grupos de Processos usando um exemplo de Projeto de Qualidade de Vida que convido você a iniciar (mais detalhes no capítulo seguinte).

PARTE II

SEU PROJETO

3   Sua vez de participar

Chegou a hora da ação, de transformar o conhecimento adquirido em resultados, de alcançar seus objetivos através de projetos bem selecionados, planejados e executados.

Então vamos retomar o ciclo PDCA discutido no tópico Sua vez de participar da Introdução e colocá-lo em prática usando os próximos cinco capítulos que explicarão os 10 passos necessários para selecionar os melhores projetos, iniciá-los e concluí-los com sucesso.

P: Plan (Planejamento)

Um passo importante no planejamento é se preparar de forma adequada de modo a evitar surpresas indesejadas. Em projetos, normalmente fazemos um levantamento inicial para avaliar sua viabilidade antes de fazermos grandes investimentos (passos necessários detalhados no Grupo de Processos Iniciação - Capítulo 5), e depois de decidirmos por sua viabilidade, partimos para um planejamento mais detalhado (passos necessários detalhados no Grupo de Processos Planejamento - Capítulo 6).

Mais antes de iniciarmos com seu projeto, você precisa ter o conhecimento necessário para tomar as decisões acertadas e identificar as oportunidades/projetos para avaliação.

Estudo

Para conhecer as melhores práticas de gerenciamento de projetos, recomendo começar com esse livro e depois evoluir com os demais livros da série conforme sua necessidade.

Identificar oportunidades

Com o conhecimento adquirido, é hora de identificar as oportunidades para aplicá-lo e obter melhores resultados.

Se você já tem um projeto e já identificou oportunidades, então passe para o próximo passo e vamos Criar o Plano de Ação. Entretanto, antes de prosseguir, sugiro avaliar nossa proposta de "Qualidade de Vida" como uma oportunidade e que será usado como exemplo nos próximos capítulos.

Caso não tenha projeto ou queira reavaliar, eu lhe pergunto:

Você já chegou ao fim do dia extremamente cansado e com a sensação de não ter feito quase nada para tornar sua vida melhor?

Pois é, vivemos numa época que a escassez de tempo é um dos grandes problemas da humanidade. Portanto, precisamos usá-lo de forma inteligente para alcançarmos o que realmente importa para cada um de nós.

Não adianta só se esforçar ao máximo, é necessário usar nossos esforços na direção que queremos seguir.

Projeto Qualidade de Vida

Segundo a OMS (Organização Mundial da Saúde), "Qualidade de vida é a percepção do indivíduo de sua posição na vida, no contexto da cultura e sistemas de valores nos quais ele vive, e em relação aos seus objetivos, expectativas, padrões e preocupações".[71]

Portanto, cada um deve saber de forma clara o que realmente é importante na sua vida, e baseado nisso, determinar seus objetivos, metas e como iremos alcança-los, e posteriormente, monitorar de forma a garantir que as metas sejam alcançadas.

Já dizia Sêneca, "Nenhum vento é o vento certeiro, quando não sabe para qual porto se dirige."[72]

Se você está insatisfeito com a sua vida atual, então essa é uma boa oportunidade para aplicar o conhecimento adquirido e iniciar o projeto "Qualidade de Vida".

Pode contar com o meu projeto de Qualidade de vida realizado em 2016 onde emagreci 5kg, reduzi meu tempo na natação em 20 minutos e ainda aumentei minha renda e reduzi minhas despesas. Saiba mais sobre o Ciclo PDCA do Edu[73].

Criar Plano de Ação

Para planejar o seu projeto, você pode iniciar com um levantamento inicial para avaliar melhor a viabilidade do projeto (Saiba mais no capítulo 5 -

Grupo de Processos Iniciação) ou já iniciar um planejamento mais detalhado e mais trabalhoso quando já se tem certeza da viabilidade do projeto.

Saiba mais no capítulo 6 - Grupo de Processos de Planejamento.

Como aprendizado, sugiro seguir os 10 passos propostos de forma sequencial nos próximos capítulos do livro.

D: Do (Execução)

Com o plano de ação criado, é necessário disciplina e comprometimento para executá-lo conforme planejado.

Além de executar o plano de ação, é importante ficar atento para aplicar o que aprendeu no seu dia-a-dia.

Peter Drucker nos dá um sábio conselho: "Aplicar o Conhecimento a tarefas que já sabemos como realizar, chamamos de Produtividade. Quando aprendemos a utilizar o Conhecimento em tarefas novas e diferentes, chamamos de Inovação. " [74]

E lhe garanto, não faltarão situações para aplicar.

Saiba mais no capítulo 7 - Grupo de Processos de Execução.

C: Check (Monitoramento)

Por mais que você e sua equipe estejam comprometidos e motivados com seu projeto, quase sempre ocorrerá algo novo, não planejado, que impactará em desvios (diferenças) entre aquilo que foi planejado e o executado.

Por esse motivo, é necessário monitorar o seu projeto, identificando os desvios e suas causas.

Saiba mais no capítulo 8 - Grupo de Processos de Monitoramento e Controle.

A: Act (Controle)

E sempre que o monitoramento, identificar algum tipo desvio é necessário agir rapidamente para manter todos motivados e comprometidos para alcançar os resultados esperados.

Outra atividade importante é avaliar os resultados obtidos com o projeto e com a aplicação das melhores práticas.

Se você estiver aplicando uma melhor prática e os resultados foram aperfeiçoados, você deve adotá-la.

Caso contrário, avalie porque o resultado não foi alcançado para dar o devido tratamento.

A causa de não obter o resultado pode ser devido a melhor prática não ser usada da forma correta.

Veja o capítulo 9 - Grupo de Processos de Encerramento para avaliar os resultados finais.

Vamos praticar

A partir de agora, explicarei como organizar seu projeto através de grupos de processos e detalharei cada um dos passos necessários de cada processo envolvido com suas respectivas atividades exemplificando com um modelo de projeto[75] Qualidade de Vida, o meu projeto pessoal de Qualidade de Vida (Ciclo PDCA do Edu) e ainda a reforma da minha casa[76].

Para melhor proveito dos conhecimentos adquiridos, recomendo iniciar o seu Projeto Qualidade de Vida ou um projeto escolhido conforme os passos aqui sugeridos. Desta forma, você aprenderá e praticará simultaneamente e poderá aumentar a qualidade na sua vida e obter melhores resultados do seu projeto.

Se você já tem um projeto em andamento, sugiro que use os passos e os exemplos dados para revisá-lo, executando-os como se estive iniciando o projeto novamente.

E por último, lembre-se que eu quero lhe ajudar em seus projetos e entre em contato comigo caso tenha dúvidas, sugestões ou críticas sobre os passos sugeridos e as soluções gratuitas apresentadas.

Eduardo Montes, PMP
eduardo@escritoriodeprojetos.com.br
Seu feedback é crucial para me ajudar a ajudar você.

4 Processos e Grupos de Processos

Processos

As melhores práticas são apresentadas através de processos de gerenciamento de projetos no Guia PMBOK®, então é fundamental o claro entendimento do que é um processo.

EU: Sabe me explicar o que é um processo? Por que modelamos as atividades da operação de uma empresa em processos?

Entradas
- O que será transformado
- Insumos

Ferramentas e Técnicas
- O que se usa para transformar

Saídas
- O que se espera
- Resultado com valor agregado

Figura 4.1 Processo "Construir um telhado de madeira" com suas Entradas, Ferramentas e técnicas e Saídas

Um processo é uma atividade ou conjunto de atividades que usam determinadas ferramentas e técnicas para transformar (processar) um conjunto de insumos (entradas) em resultados desejados (saídas).

Na figura acima, o processo "Construir um telhado de madeira" está usando ferramentas e técnicas como "Serrote, Martelo, etc." para transformar a entrada "madeira" e outros insumos na saída "telhado de madeira". Para se construir uma casa com telhado de madeira, você necessita de vários outros processos como adquirir o terreno, criar o projeto arquitetônico, preparar o terreno, construir o muro, etc.

Da mesma forma, as empresas usam processos para definir como suas áreas trabalham e interagem entre si. Por exemplo: Quando você faz a compra de um produto em um comércio, várias áreas da empresa executam vários processos para viabilizar essa venda. Veja abaixo como poderia funcionar o comércio e a integração entre suas áreas através de processos:

Tabela 4.1 Exemplo de uma venda com algumas das integrações possíveis entre áreas e processos

Área	Processo	Entrada	Saída
Compras	Comprar mercadoria	Qtde em estoque Previsão de vendas	Pedido de compra da mercadoria
Logística	Receber mercadoria	Pedido de compra da mercadoria	Entrada da mercadoria em estoque
Vendas	Vender mercadoria	Mercadoria em estoque	Nota fiscal emitida Saída da mercadoria em estoque

Os processos são muito úteis, pois, definem de forma clara o resultado esperado, até onde vai a responsabilidade de cada área, como eles comunicam-se entre si (através de suas entradas e saídas) e também métricas para avaliar o desempenho dos processos e respectivamente de suas áreas.

O Guia PMBOK® também usa 49 processos para gerenciar seus projetos e nos orienta a adaptá-los conforme nossa necessidade. *"Este Guia PMBOK® é diferente de uma metodologia. Uma metodologia é um sistema de práticas, técnicas, procedimentos e regras usadas por aqueles que trabalham numa disciplina. Este Guia PMBOK® é uma base sobre a qual as organizações podem criar metodologias, políticas, procedimentos, regras, ferramentas e técnicas e fases do ciclo de vida necessários para a prática do gerenciamento de projetos."* (PMI®, 2017 p. 2).

Portanto, criei uma metodologia baseada nas melhores práticas do Guia PMBOK® otimizando seus processos e detalhando passo a passo como usá-los. São dez passos essenciais explicados de forma sequencial e lógica nos próximos cinco capítulos, do início ao encerramento do projeto, que se aplicados em seus projetos farão você transformar seus objetivos em realidade. Você pode verificar os 49 processos do Guia PMBOK® agrupados por Grupo de Processo e por área de conhecimento no Capítulo Recursos Adicionais.

Grupos de Processos de Gerenciamento de Projetos

Na figura abaixo, o passo a passo do gerenciamento de projetos, consolidados em dez passos agrupados por grupos de processos e detalhados nos próximos cinco capítulos.

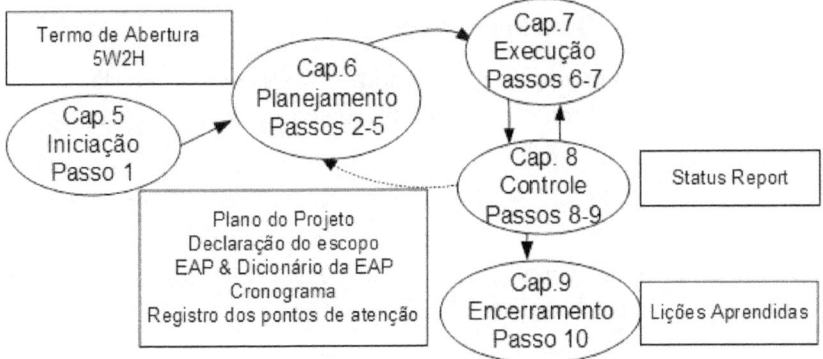

Figura 4.2 Grupos de processos em gerenciamento de projetos e os 10 passos nos capítulos

Um grupo de processo é um conjunto de processos que suportam o desenvolvimento do projeto.

Os grupos de processos se relacionam com os passos do Ciclo PDCA da Melhoria Contínua apresentados no capítulo de Introdução. Veja a tabela abaixo com suas relações e com o principal objetivo de cada grupo de processo que serão detalhados a seguir.

Tabela 4.2 Ciclo PDCA x Grupos de Processos

Passos do Ciclo PDCA	Grupo de Processo	Principal objetivo
Planejar	Iniciação	Avaliar viabilidade e autorizar projeto ou fase do projeto
	Planejamento	Definir e refinar objetivos e planejar para alcançá-los
D: Do [executar]	Execução	Integrar pessoas e recursos para realizar o plano de projeto
C: Check [verificar] A: Act [agir]	Monitoramento e Controle	Monitorar o progresso para identificar desvios em relação ao planejado e tomar as devidas ações
	Encerramento	Formalizar a aceitação dos produtos e serviços entregues pelo projeto e concluir o projeto

Cada grupo de processos possuem tarefas que devem ser exercidas com maestria pelo profissional que quer ter sucesso em seus projetos ou quer se certificar como profissional de gerenciamento de projetos pelo PMI. (PMI®, 2015 p. 4)

Os próximos capítulos detalham cada grupo de processos e as tarefas a serem dominadas usando o exemplo do Projeto Qualidade de Vida.

Todos os exemplos apresentados para explicar cada uma das tarefas estão disponíveis no Apêndice com seus respectivos links para download.

Abaixo um resumo dos documentos usados por grupo de processos com seus respectivos links para download. O Exemplo usado foi retirado do modelo de projeto de qualidade de vida[77] para os grupos de processo Iniciação e Planejamento ou do meu projeto de qualidade de vida (Monitoramento e Controle e Encerramento).

Grupo de Processo (*)	Templates da Metodologia PMO[78]	Projeto Qualidade de Vida[79]
Iniciação	Termo de Abertura 5W2H	Termo de Abertura do Projeto v5W2H[80]
Planejamento	Dicionário da EAP	Dicionário da EAP[81]
	Cronograma do Projeto	Projeto Qualidade de Vida[82]
	Registro dos pontos de atenção	Registro dos pontos de atenção[83]
	Plano de gerenciamento do projeto	Plano de gerenciamento do projeto[84]
Monitoramento e Controle	Status Report	StatusReport.Ciclo PDCA do Edu[85]
Encerramento	Lições aprendidas	Lições Aprendidas[86]

(*) No Grupo de Processo Execução, são usados os documentos de planejamento de modo a executá-los conforme planejado. Para comunicar o progresso da execução, são usados os documentos de monitoramento e controle.

Apesar do exemplo apresentado aqui, você como leitor do livro pode solicitar o modelo de projeto de qualidade de vida adaptado ao seu perfil. Existe um modelo para cada uma das profissões de interesse. Veja se você se enquadra em alguma das profissões[87].

5 Grupo de Processos Iniciação

O principal objetivo dos processos de iniciação é avaliar a viabilidade do projeto aprovando ou não sua continuidade. Para isso, é necessário Desenvolver o Termo de Abertura do Projeto composto por várias atividades detalhadas a seguir.

Passo 1 - Desenvolver o Termo de Abertura do Projeto

O primeiro passo para iniciar o seu projeto é fazer um levantamento de suas informações para avaliar sua viabilidade, e para isso proponho documentar esse levantamento baseado na ferramenta 5W2H explicada abaixo.

5W2H

5W2H é uma técnica muito eficaz para orientar as pessoas de forma simples e clara, como entender determinadas situações (necessidades, problemas), documentá-las, identificar alternativas e gerar um plano de ação para solucioná-las.

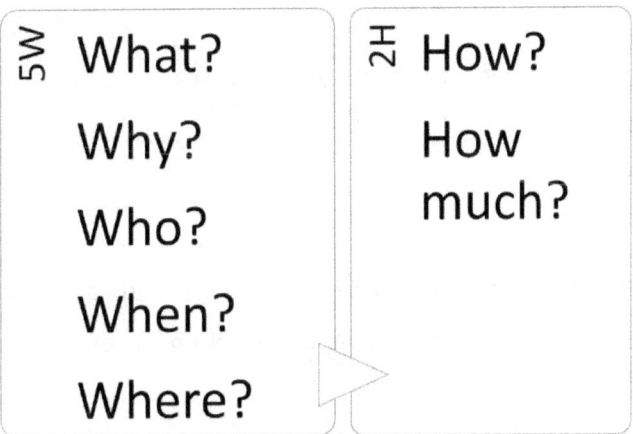

Figura 5.1 5W2H

Basicamente, você tem um roteiro (passo a passo) composto por uma sequência de perguntas para entender a questão sendo avaliada e gerar um plano de ação que pode ser usada e adaptada para vários tipos de situações como por exemplo:

- Resolver um problema;

- Planejar as aquisições;

- Gerar uma matriz de comunicações;

- Analisar um processo para melhoria contínua;

- Detalhar seu pacote de trabalho;

- Etc.

Então, vejamos como usar a 5W2H para analisar a viabilidade de um projeto e entender os conceitos essenciais das áreas de conhecimento.

Abaixo a sequência mais lógica de perguntas esclarecendo os conceitos relacionados detalhados nos próximos tópicos.

Tabela 5.1 5W2H para analisar a viabilidade do projeto

Why?	Por que?	Estabelecer objetivos claros e alcançáveis
What?	O que?	Definir produtos e requisitos para alcançar esses objetivos
Who?	Quem?	Adaptar às diferentes expectativas das partes interessadas envolvidas
How?	Como?	Definir a melhor estrutura para organizar seu projeto
When?	Quando?	Cronograma (detalhamento das atividades e prazos)
How much?	Quanto?	Orçamento

Why - Por que?

Essa é a primeira questão a ser respondida. Por que o projeto é necessário?

E para facilitar o entendimento dividiremos essa questão em duas perguntas.

Qual sua justificativa?

Qual a situação atual motivou a realização do projeto?

A justificativa normalmente é algo negativo e relacionado ao passado. O projeto será feito para tornar essa situação negativa em algo melhor.

Orientações Gerais

Para o Projeto Qualidade de Vida você deve avaliar o que está mais lhe incomodando, aquilo que está impedindo você de ter uma noite de sono agradável. Relacione as suas principais preocupações que iremos trabalhá-las posteriormente.

Baixe o <u>Termo de Abertura do Projeto v5W2H</u>[88] para documentar e responder as questões 5W2H do seu projeto.

Veja o modelo do projeto qualidade de vida

> ### *Justificativa do projeto*
>
> *Segundo a OMS, Qualidade de vida é u percepção do indivíduo de sua posição na vida, no contexto da cultura e sistemas de valores nos quais ele vive, e em relação aos seus objetivos, expectativas, padrões e preocupações.*
>
> *Você trabalha atualmente em uma empresa e considera que poderia usar seus esforços de forma mais inteligente de modo a ter uma melhor qualidade de vida, principalmente resolver os seguintes problemas atuais:*
>
> Sobrando mês no meu salário;
> Faltando horas no meu sono;
> Faltando saúde e preparo físico.

Quais os objetivos devem ser atendidos pelo projeto?

Quais objetivos devo atender para obter os benefícios esperados?

Os objetivos devem ser claros e direcionadores.

Para isso, recomendo a criação de <u>Objetivos SMART</u>[89] para seu projeto.

Objetivos SMART

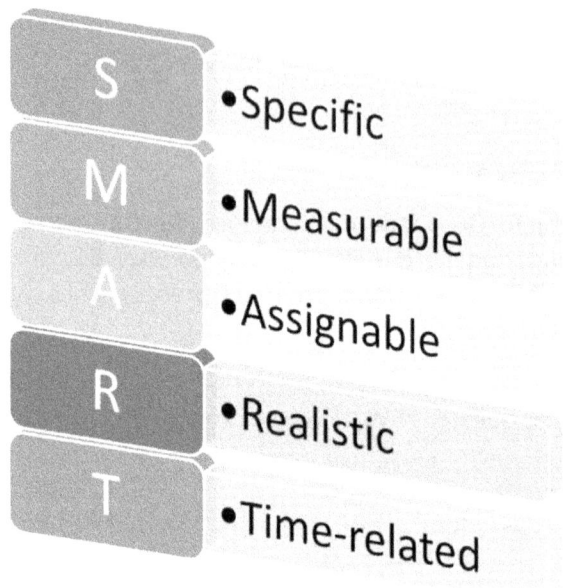

Figura 5.2 Objetivos SMART

Como podemos ter sucesso se não temos objetivos bem definidos?

Devemos evitar objetivos subjetivos que podem gerar dupla interpretação de como atendê-los resultando em conflitos, desgastes, retrabalho entre outros custos da não qualidade.

Para criar objetivos com a clareza necessária de onde devemos chegar, quais são suas metas, quando atendê-las e quem são os responsáveis, George Doran criou os objetivos SMART (There's a S.M.A.R.T. way to write management's goals and objectives, 1981).

Um objetivo SMART deve ser:

- **S**pecific: Específico;

- **M**easurable: Indicador e meta;

- **A**ssignable: Quem;

- **R**ealistic: realístico;

- **T**ime-related: Quando.

Use as seguintes perguntas para ajudar a definir seus objetivos SMART:

- Qual meta devo cumprir para ter sucesso?
    - Se a meta não estiver clara, o critério deve estar mal definido.
- É possível cumprir a meta definida?
    - Se ninguém acreditar que seja possível atendê-la, o objetivo pode desmotivar a equipe.
- Quem é o responsável? Quem suporta? Quem aprova?
- Até quando o critério deve ser atendido?

Exemplo de como transformar um conceito subjetivo em um objetivo SMART:

- Conceito subjetivo: O projeto deve satisfazer seus clientes.
- SMART: Nível de satisfação geral do cliente maior que 80% medido através de pesquisa de satisfação respondida no fim do projeto. (*)

(*) A primeira questão da Pesquisa pode ser:

Qual foi sua satisfação geral em relação ao projeto?

Abaixo as alternativas e o % de satisfação considerado:

Tabela 5.2 Nível de satisfação e % associado

Nível de satisfação	% de satisfação
Excelente	100%
Muito bom	80%
Razoável	60%
Insatisfeito	40%
Muito insatisfeito	20%

Nível de satisfação geral do cliente é a média das respostas recebidas da primeira questão da Pesquisa.

As pessoas que não responderam ou deixaram a primeira questão em branco não serão consideradas no cálculo da média.

Veja um exemplo usado no meu projeto "Ciclo PDCA do Edu" (Devo nadar 2.000 metros em 60 minutos até 31/12/2016).

Veja o modelo do projeto qualidade de vida

Objetivos SMART

O projeto será considerado um sucesso se atender a todos os critérios de aceitação das entregas, respeitar as restrições e cumprir o cronograma de execução e principalmente atender os objetivos abaixo:

- Aumento de 20% na renda anual até 2018;
- Aumento de 10% na produtividade até 12/2018;
- IMC de peso normal até 12/2018 baseado na avaliação de especialista.

What - O que? (Escopo do Produto)

Para atender os objetivos do projeto, é necessário definir as entregas necessárias (produtos e serviços) e os requisitos obrigatórios e os desejados.

Para cada objetivo SMART, defina os produtos necessários para atendê-lo

Para cada produto, defina os requisitos necessários.

Figura 5.3 Decompondo Objetivo SMART em Requisitos

Escopo do Produto é a descrição de todas as características e funcionalidades do produto ou serviço e é verificado pelos seus requisitos.

Veja o modelo do projeto qualidade de vida

Produtos

Abaixo os produtos a serem entregues pelo projeto de modo a atender os objetivos SMART:

Promoção;
Corte nos gastos mensais;
Corte de horas improdutivas;
Redução das ocorrências;
Maior eficiência;
Preparo físico;
Reeducação alimentar.

Requisito

Requisito é algo que foi requerido, uma condição a ser atendida para satisfazer uma necessidade.

A condição (o requisito) deve ser atendida pelo projeto ou por alguma de suas entregas (produtos; serviços ou resultados gerados pelo projeto).

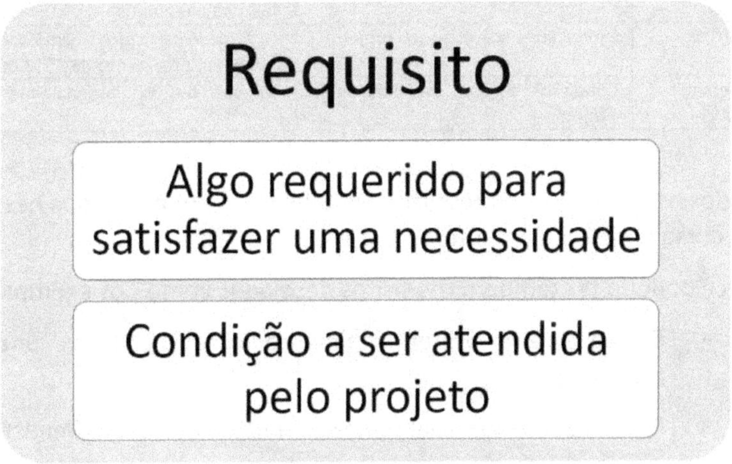

Requisito

Algo requerido para satisfazer uma necessidade

Condição a ser atendida pelo projeto

Figura 5.4 Definição de Requisito

Você pode ter requisitos obrigatórios e requisitos desejados e, portanto, nem sempre todos os requisitos são atendidos em um projeto.

Importante também deixar claro a diferença entre requisito e suas variações (conceitos de gestão de projetos importantes):

- Pré-requisito também é um requisito, porém, uma condição obrigatória, uma exigência indispensável que deve ser atendida para seguir adiante.

- Critério de aceitação também é um requisito ou critério a ser atendidos para que uma entrega seja aceita.

- Restrição de um projeto é uma limitação aplicável ao seu projeto, ou seja, também é uma condição que deverá ser atendida, e também um requisito.

- Objetivo SMART também é um requisito a ser atendido pelo projeto.

A seguir uma tabela com uma definição e exemplo:

Tabela 5.3 Exemplos de Requisitos

Termo	Definição	Exemplo
Requisito	Algo que foi requerido, condição a ser atendida para satisfazer uma necessidade	Curso deve cobrir as 10 áreas de conhecimento do Guia PMBOK® Sexta Edição
Pré-requisito	Requisito obrigatório a ser atendido para seguir adiante	Professor deve possuir certificação PMP
Critério de aceitação	Requisito a ser atendido para que a entrega seja aceita	Curso deve ter média de satisfação geral superior a 7 medida através da pesquisa aplicada aos alunos
Restrição	Limitação aplicável ao seu projeto	Curso deve estar pronto em 2 meses. Curso tem orçamento de R$10.000,00.
Objetivo SMART	Condição a ser atendida pelo projeto	Aumento de 20% na renda anual até 2018.

Todos os exemplos são requisitos que deverão ser atendidos nesse exemplo de curso de gerenciamento de projetos.

Você poderia ter também requisitos desejados como por exemplo:

- Coffee break preferencialmente com 10 tipos diferentes de biscoitos;

- Professor preferencialmente com Mestrado em Administração.

Veja também:

Artigos de gerenciamento do escopo [90]

- Premissas de um projeto[91]

- Restrições de um projeto[92]

- Expectativas, Requisitos, Critérios de aceitação, Restrições, Premissas[93]

Orientações Gerais

Para cada produto, defina os requisitos necessários (características solicitadas pela parte interessada – cliente).

Documente os principais requisitos dos produtos a serem atendidos.

Veja o modelo do projeto qualidade de vida

Requisitos

Promoção
    As iniciativas devem ser validadas por um Mentor
Cortes dos gastos mensais
    Obter consenso entre a família
Preparo Físico
    Esporte deve ser prazeroso
    Deve ser monitorado pelo especialista (médico)
Reeducação alimentar
    Alimentação deve ser saudável e monitorada por especialista

---

Who - Quem? (Partes interessadas)

As partes interessadas (também chamados pelo termo inglês, stakeholders) são os indivíduos e as organizações ativamente envolvidos no projeto, ou seja, quem interessa no seu projeto.

Podem ser positivamente ou negativamente impactados com a execução do projeto e podem impactar de forma positiva ou negativa o projeto e/ou seu resultado.

Figura 5.5 Partes interessadas

Vale ressaltar algumas partes interessadas importantes para o projeto:

- Cliente: consumidores dos produtos gerados pelo projeto, portanto, os requisitos dos produtos devem atender a suas necessidades;

- Patrocinador: quem está financiando o projeto;

- Gerente de projeto: quem faz a gestão do projeto e orquestra todas as partes interessadas de modo a alcançar os objetivos do projeto;

- Equipe: responsáveis por produzir as entregas, precisam estar motivados e alinhados com os objetivos do projeto;

- Entre outras, como o PMO, gerente responsável pelo Escritório de Projetos, a organização, os fornecedores, população afetada, etc.

Quais são os interesses das partes interessadas?

Conhecer as expectativas das partes interessadas é crucial para o projeto. Quando houver conflito entre seus interesses, você deve balanceá-los de modo a minimizar resistências e atrasos no projeto.

No tópico Estratégias para engajar a equipe do capítulo Grupo de Processos de Execução detalho como conseguir o engajamento não só da sua equipe, mas, das partes interessadas como um todo.

Tabela 5.4 Interesses das partes interessadas

Clientes	Produto mais barato Com maior qualidade
Parceiros /Fornecedores	Maior lucro
Executivos	Visibilidade Redução de custos Desempenho
Time do projeto	Parte dos resultados Excelência técnica Autonomia Interesses individuais.
Gerentes	Cumprir suas metas Não compartilhar seus recursos Menos stress e pressão.

Quem são as partes interessadas mais críticas?

- Quem tem poder de alocação sobre recursos críticos dos projetos, como escopo (possui poder de veto), orçamento (aprova aumento ou redução no orçamento) e pessoas.

- Patrocinador: responsável pelo aumento ou redução do orçamento.

- Designado para especificar o produto: responsável para definir os requisitos dos produtos a serem entregues.

- Chefe hierárquico pela equipe do projeto: principalmente os gestores das pessoas mais estratégicas para o projeto.

Orientações Gerais

Divida as partes interessadas em:

Clientes
Relacione todas pessoas que usufruirão dos produtos, serviços e resultados gerados.
O projeto está sendo feito para atendê-los de forma direta ou indireta.

Equipe
Relacione todas pessoas (funcionários ou não) que produzem alguma entrega no projeto.

Demais partes interessadas
Relacione todas as pessoas, organizações e fatores externos que podem impactar o projeto e não fazem parte da equipe e não são clientes.

Veja o modelo do projeto qualidade de vida

- Clientes
  - o Você
- Equipe
  - o Você
  - o Nutricionista
  - o Mentor
  - o Especialistas (médico, dentista)
  - o Nutricionista
- Demais partes interessadas
  - o Família
  - o Amigos
  - o Chefe
  - o Colegas de trabalho

How - Como? Escopo do Projeto

Escopo do Projeto é o trabalho que deve ser feito para liberar o produto com seus requisitos especificados. É necessário identificar a melhor forma de estruturar suas entregas criando a EAP.

EAP - Estrutura Analítica do Projeto

A EAP, estrutura analítica do projeto, ou WBS, Work Breakdown Structure, define as entregas do projeto e sua decomposição em Pacotes de trabalho[94].

O sistema de numeração da EAP identifica o nível no qual cada elemento da EAP se encontra. Por exemplo: Código da EAP=1.1.1 está no terceiro nível.

A EAP fornece uma visão estruturada das entregas do projeto e é um ótimo instrumento para alinhar o entendimento do projeto e integrar todas as áreas sendo a principal referência para os outros processos das outras áreas de conhecimento. Por exemplo, para cada pacote de trabalho da EAP, será definida as atividades necessárias para sua execução (prazo) e posteriormente, os recursos necessários para determinar o orçamento do projeto (custo), e assim por diante. Sempre que possível, todos os documentos gerados no projeto devem referenciar o Código da EAP.

A EAP normalmente é representada de forma gráfica para facilitar o entendimento e a visualização. Veja a seguir um exemplo:

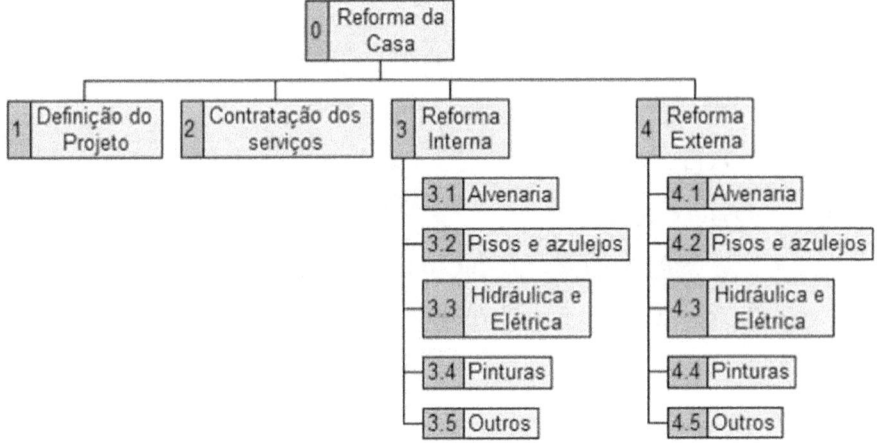

Figura 5.6 Exemplo de EAP gráfica de uma reforma de casa

Se não existir software para gerá-la, ela pode ser representada de forma identada. Veja abaixo um exemplo com tópicos e sub tópicos numerados:

1. Definição do Projeto

2. Contratação dos serviços

3. Reforma Interna

    3.1 Alvenarias

    3.2 Pisos e azulejos

    3.3 Hidráulica

    3.4 Elétrica

    3.5 Pinturas

    3.6 Outros

4. Reforma Externa

    4.1 Alvenarias

    4.2 Pisos e azulejos

    4.3 Hidráulica

    4.4 Elétrica

    4.5 Pinturas

    4.6 Outros

Veja também

Saídas:[95]

- Declaração do escopo do projeto[96]
- Dicionário da EAP[97]

Exemplos de Projetos[98]:

- EAP - Programa de redução de custos[99]
- Ciclo PDCA do Edu - WBS[100]

Pacote de trabalho

O pacote de trabalho como o próprio nome diz é um pacote que contém atividades que são agrupadas conforme necessidade do projeto.

Ele é o nível mais baixo da EAP e possui custo, duração, critérios de aceitação e atividades que devem ser documentadas no dicionário da EAP.

Veja o modelo do projeto qualidade de vida

Estrutura Analítica do Projeto

1. Projeto Promoção na sua empresa
   1.1. Avaliação do mentor
   1.2. Plano de ação
   1.3. Execução e monitoramento do plano de ação
2. Corte nos gastos mensais
   2.1. Avaliação dos gastos mensais
   2.2. Priorização dos cortes
   2.3. Aprovação dos cortes priorizados
   2.4. Negociação com os fornecedores
   2.5. Mensuração dos ganhos
   2.6. Confirmação das negociações
3. Corte nas horas improdutivas
   3.1. Medição das atividades feitas durante uma semana
   3.2. Avaliação das horas improdutivas
   3.3. Plano de ação
   3.4. Execução e monitoramento do plano
4. Projeto Redução de ocorrências
5. Projeto vida saudável

When - Quando? (Tempo)

Para cada entrega e pacote de trabalho definido na EAP, é necessário detalhar suas atividades.

E para cada atividade, suas dependências, seus recursos necessários e sua duração.

Figura 5.7 Decomposição de pacote de trabalho em atividades

Então vamos entender cada um desses conceitos usando como principal referência o Guia PMBOK® (PMI®, 2017):

- Atividade: Uma parte distinta e programada do trabalho executada no decorrer do projeto. *Cada pacote de trabalho é decomposto em várias atividades.*

- Recursos: Recursos humanos especializados (disciplinas específicas, individualmente ou em grupos ou equipes), equipamentos, serviços, suprimentos, commodities, materiais, orçamentos ou fundos. *Cada atividade necessita de vários recursos para ser executada.*

- Duração: Número total de períodos de trabalho (sem incluir feriados ou outros períodos de descanso) necessários para terminar uma atividade do cronograma ou um componente da estrutura analítica do projeto. Normalmente expressa em dias ou semanas de trabalho. Às vezes, é incorretamente equiparada ao tempo decorrido. *Cada atividade tem uma duração.*

- Estimativa: Uma avaliação quantitativa da quantidade ou resultado provável. *Para calcular a duração de um projeto, é necessário estimar a duração de cada atividade do projeto.*

Veja o modelo do projeto qualidade de vida

EAP	Descrição	Início	Término
1	Projeto Promoção na sua empresa	10/2017	12/2018
1.1	Avaliação do mentor	10/2017	10/2017
1.2	Plano de ação	11/2017	11/2017
1.3	Execução e monitoramento do plano de ação	12/2017	12/2018
2	Corte nos gastos mensais	10/2017	12/2017
2.1	Avaliação dos gastos mensais	10/2017	10/2017
2.2	Priorização dos cortes	10/2017	10/2017
2.3	Aprovação dos cortes priorizados	11/2017	11/2017
2.4	Negociação com os fornecedores	12/2017	12/2017
2.5	Mensuração dos ganhos	01/2018	02/2018
2.6	Confirmação das negociações	01/2018	02/2018
3	Corte nas horas improdutivas	10/2017	12/2017
3.1	Medição das atividades feitas durante uma semana	10/2017	10/2017
3.2	Avaliação das horas improdutivas	10/2017	10/2017
3.3	Plano de ação	11/2017	11/2017
3.4	Execução e monitoramento do plano	12/2017	12/2017
4	Projeto Redução de ocorrências	10/2017	06/2018
5	Projeto vida saudável	10/2017	12/2018

Além disso, é necessário avaliar os riscos do projeto e como serão tratados, pois, seu tratamento geram atividades no projeto impactando diretamente no seu prazo.

Riscos

Risco de um projeto é um evento com uma probabilidade de ocorrer no futuro impactando o projeto de forma negativa (ameaça) ou positiva (oportunidade). Ele pode ocorrer devido a uma ou mais causas e pode ocasionar um ou mais impactos positivos ou negativos.

Os riscos estão relacionados com as demais áreas de conhecimento e devem ser tratados de forma integrada considerando as melhores práticas de cada área de conhecimento.

Você deve identificar os riscos do projeto e para cada um dos riscos, definir probabilidade e impacto de modo a priorizar os riscos mais importantes.

Em seguida, desenvolva planos de respostas para os riscos priorizados e contingências gerais.

Abaixo alguns dos riscos mais comuns e fontes de riscos que você deve considerar:

- Postergar serviço para a última hora e não cumprir prazos;
- Pessoas resistentes ao projeto (não engajamento das partes interessadas);
- Interesses conflitantes com os objetivos do projeto;
- Equipe não capacitada;
- Falhas dos Equipamentos ou com baixo desempenho;
- Catástrofes & Condições climáticas inadequadas;
- Doenças, Gravidez, Desligamento ou qualquer tipo de ausência de pessoas da equipe;
- Greves (Importação, Correios, Transporte de Pessoas e/ou materiais);
- Roubos;
- Acidentes de trabalho;
- Fatores que impactam as entregas;
- Mudanças de Escopo;
- Premissas não cumpridas.

Veja o modelo do projeto qualidade de vida

Riscos

- Perder emprego;
- Mudança de chefia;
- Divórcio.

How much - Quanto? (Custos)

Se você criou sua EAP e detalhou para cada componente da EAP (Entregas e Pacotes de trabalho), suas atividades. E para cada atividade, os recursos necessários com suas respectivas quantidades.

Para calcular o orçamento, basta definir o valor unitário de cada tipo de recurso a ser usado.

Qualquer ferramenta de gerenciamento de cronograma como o Microsoft Project, Primavera, entre outros geram o orçamento do projeto.

Em outras palavras, o total dos custos de um projeto é a somatória de todos os recursos necessários para executar as atividades previstas no projeto expressos em unidade monetária.

Eles formam as saídas do fluxo de caixa e são usadas com os ganhos obtidos pelo projeto (que são as entradas do fluxo de caixa) para formar o fluxo de caixa e determinar a viabilidade do projeto.

Veja nossa planilha Avaliação de Projetos.xlsx[101] com alguns indicadores propostos para determinar a viabilidade usando o fluxo de caixa como o Valor Presente Líquido e a Taxa Interna de retorno.

Na iniciação é feito um levantamento inicial dos custos para determinar um orçamento preliminar do projeto e aprovar o projeto ou não. Esse orçamento preliminar é detalhado no planejamento dentro dos processos de gerenciamento de custos (7.2 Estimar os custos[102] / 7.3 Determinar o orçamento[103]) e formará a linha de base dos custos que será usada para monitorar o desempenho dos custos do projeto (7.4 Controlar os custos[104]).

Todos esses processos serão detalhados posteriormente Livro Gerenciamento dos Custos da série de livros.

Veja o modelo do projeto qualidade de vida

EAP	Descrição	Custo
1	Projeto Promoção na sua empresa	R$1.000
1.1	Avaliação do mentor	0
1.2	Plano de ação	0
1.3	Execução e monitoramento do plano de ação	R$1.000
2	Corte nos gastos mensais	0
2.1	Avaliação dos gastos mensais	0
2.2	Priorização dos cortes	0
2.3	Aprovação dos cortes priorizados	0
2.4	Negociação com os fornecedores	0
2.5	Mensuração dos ganhos	0
2.6	Confirmação das negociações	0
3	Corte nas horas improdutivas	0
3.1	Medição das atividades feitas durante uma semana	0
3.2	Avaliação das horas improdutivas	0
3.3	Plano de ação	0
3.4	Execução e monitoramento do plano	0
4	Projeto Redução de ocorrências	R$1.000
5	Projeto vida saudável	R$1.000

Como documentar

Veja no apêndice o conteúdo do documento Termo de Abertura com suas respectivas orientações para preenchimento com o exemplo do projeto Qualidade de Vida.

Considerações Finais

No desenvolvimento do termo de abertura, recomendo que avalie se os fatores críticos abaixo estão sendo atendidos e que estude de forma complementar os Processos de Iniciação do Guia PMBOK® (PMI®, 2017).

Fatores Críticos de Sucesso

- Definir com clareza o objetivo e a abrangência do projeto;
- Identificar partes interessadas no projeto e definir estratégias para ganhar suporte ou reduzir obstáculos;
- Identificar data de início e as principais dependências do projeto;
- Reconhecer no ambiente externo, oportunidades e ameaças;
- Criar fluxo de caixa do projeto com todas entradas e saídas avaliando as premissas usadas e seus riscos envolvidos.
- Decidir pela viabilidade do projeto e pela sua continuidade.

Processos do Guia PMBOK®

Conheça abaixo os processos de Iniciação do Guia PMBOK®. (PMI®, 2017 p. 556)

Tabela 5.5 Processos de Iniciação e suas áreas de conhecimento

Área de conhecimento	Processo de iniciação
Integração	Desenvolver o termo de abertura do projeto
Partes interessadas	Identificar as partes interessadas

Sua Vez de Participar 1 – Desenvolver o Termo de Abertura

Abaixo resumo do Passo 1 – Desenvolver o Termo de Abertura no seu projeto com informações complementares para facilitar a aplicação do conhecimento adquirido e otimizar seu tempo.

O passo 1-Desenvolver o Termo de Abertura faz o levantamento inicial para determinar a viabilidade ou não do seu projeto.

Preparação para você:

- Defina a equipe do projeto (quem irá lhe ajudar na criação do projeto). Avalie quais "sócios" e quais Especialistas podem aumentar a chance de sucesso do seu projeto.
  - o Busque pessoas que agregarão valor, pessoas que você admira e que estarão engajadas do início ao fim do projeto.
  - o Essas pessoas ajudarão você no desenvolvimento dos 10 passos.
  - o Se você quiser que eu seja uma dessas pessoas, pode contar com meu engajamento associando-se na opção Project Together.
- Crie um diretório para armazenar toda documentação necessária para seu projeto e compartilhe-a com a equipe do projeto. Uso bastante as ferramentas de armazenamento nas nuvens, como o Google Drive, One Drive e o dropbox. Avalie com a equipe sua preferência.
  - o Recomendo baixar a pasta compactada Projeto-10passos e adaptar conforme sua necessidade.
  - o Ela já contém a estrutura proposta e os templates organizados para a execução dos 10 passos.
- Caso você não tenha usado a pasta compacta Projeto-10passos, baixe o template Termo de Abertura do Projeto v5W2H na pasta do projeto para preenche-lo posteriormente.

Preparação para você e sua equipe:

- Leia o capítulo 5 e inclua suas dúvidas no fórum. [105]
  - o Caso você não ainda tenha dúvidas sobre os fundamentos de gerenciamento de projetos, recomendo a leitura dos capítulos de 1 a 4 e o esclarecimento das dúvidas através do fórum.
- Pesquise Exemplos de Projetos e/ou Modelos de Projetos que podem servir de referência para seu projeto.
  - o Use os links acima e nosso "Google" para a busca.
  - o Baixe-os na pasta do projeto, subpasta referencias.
- Peça para a equipe se preparar para o encontro.

- Agende o encontro com a equipe.

Tempo a ser reservado:

Reserve pelo menos 2 horas para esse levantamento inicial e tome bastante cuidado para não entrar no detalhe, caso contrário, o tempo não será suficiente.

Ferramentas e Técnica usadas:

Uso a técnica 5W2H para fazer o levantamento inicial do projeto, pois, ela orienta através de perguntas que se conectam englobando todas as áreas mais importantes em um projeto.

Entradas: (Quais são os insumos importantes para cada passo?)

Exemplos de Projetos:
- Termo de abertura da reforma da casa
- Termo de Abertura do meu projeto de qualidade de vida

Templates/Modelos:
- Termo de Abertura do Projeto baseado na técnica 5W2H

Modelo de projeto Qualidade de Vida:
- Termo de Abertura do Projeto de Qualidade de Vida

Dicas importantes:

Lembre-se, esse é um processo interativo que à medida que for evoluindo no Termo de Abertura v5W2H, você lembrará de atualizar ou mudar outras seções. Isso é normal e muito saudável, demonstrando que você está se aprofundando de acordo com a sequência proposta.

6 Grupo de Processos de Planejamento

O principal objetivo do processo de planejamento é refinar o levantamento feito na Iniciação com o nível de detalhe necessário.

O processo do planejamento revisa o escopo, o custo e o prazo do projeto documentado no Termo de Abertura do Projeto na Iniciação, estabelece a organização do trabalho e fornece uma estrutura para revisão e controle do projeto.

De uma forma simples, podemos pensar que o planejamento detalha o Termo de Abertura respondendo as questões do 5W2H em documentos distintos.

Abaixo, os passos essenciais no Planejamento com os documentos a serem preenchidos com as questões principais do 5W2H a serem respondidas por documento:

Tabela 6.1Passos e documentos usados com as principais questões respondidas

Passo	Documento	5W2H
2-Definir o Escopo	Declaração do escopo do projeto	What & How
	Dicionário da EAP com requisitos	What & How
	Dicionário da EAP - Complementar a Planilha	What & How
3-Analisar os riscos	Registro dos pontos de atenção	5W2H
4-Criar cronograma e orçamento	Cronograma do Projeto	When: Cronograma How much: Orçamento

Mudanças significativas que venham a ocorrer durante os processos de execução e controle também demandarão atividades do processo de planejamento.

Agora, os passos essenciais no Planejamento com o hyperlink para os templates a serem preenchidos e para um exemplo do projeto qualidade de vida:

Tabela 6.2 Passos do Planejamento com seus templates e exemplo do projeto qualidade de vida

Passo	Templates	Projeto Qualidade de Vida
2-Definir o Escopo	Declaração do escopo do projeto	Declaração do escopo do projeto
	Dicionário da EAP com requisitos	Dicionário do Projeto Qualidade de Vida
	Dicionário da EAP - Complementar a Planilha	Dicionário da EAP - Complementar a Planilha
3-Analisar os riscos	Registro dos pontos de atenção	Registro dos pontos de atenção
4-Criar cronograma e orçamento	Cronograma do Projeto	Projeto Qualidade de Vida
5-Revisar e aprovar o planejamento	Plano de gerenciamento do projeto	Plano de gerenciamento do projeto

Passo 2 - Definir o escopo

Para detalhar o que será feito e como será estruturado (entregas)

Definir o escopo na nossa metodologia engloba três processos do Guia PMBOK®:

- Coletar os requisitos (5.2-PMBOK): definir e documentar as necessidades das partes interessadas para alcançar os objetivos do projeto.

- Definir o escopo (5.3-PMBOK): desenvolver uma declaração do escopo detalhada do projeto como base para futuras decisões do projeto.

- Criar a EAP (5.4-PMBOK): subdividir as principais entregas do projeto e do trabalho do projeto em componentes menores e mais facilmente gerenciáveis.

Será construído baseado nos tópicos relacionados do Termo de Abertura 5W2H da Iniciação (What - O que? (Escopo do Produto); How - Como? Escopo do Projeto).

Definir o escopo envolve revisar de forma detalhada o que foi levantado na Iniciação. Para organizar melhor o escopo revisado, uso três documentos com propósitos específicos em conformidade com as melhores práticas do Guia PMBOK:

Declaração do escopo do projeto

A declaração do escopo do projeto, ou especificação do escopo do projeto como traduzido no Guia PMBOK®, é essencial para o sucesso do projeto, pois, descreve as entregas do projeto e o trabalho necessário para criá-las.

Ela é desenvolvida a partir do termo de abertura com suas principais entregas, requisitos, premissas e restrições. Por esse motivo, a Declaração de Escopo tem muitos campos em comum com o Termo de Abertura. Devido a essa redundância, tenho adotado a atualização do Termo de Abertura e o não uso de um documento separado para a Declaração do escopo do projeto.

Veja a comparação abaixo com referência aos tópicos usados no template da nossa metodologia.

	Tópico Declaração do Escopo	(*) Tópico Termo da Abertura
1	Objetivos deste documento	Usado somente para explicar o motivo do documento. Não precisa ser alterado.
2	Situação atual e justificativa do projeto	Justificativa do projeto
3	Objetivos SMART e critérios de sucesso do projeto	Objetivos SMART
4	Escopo do Produto	Produtos, Serviços ou Resultados esperados
5	Exclusões do projeto / Fora do Escopo	Único campo novo
6	Restrições	Restrições
7	Premissas	Premissas

8	Estrutura Analítica do Projeto	Estrutura Analítica do Projeto

(*) Criar um documento separado para a Declaração do Escopo é importante para quem quer manter a conformidade com o Guia PMBOK e ter um documento único com o escopo aprovado do projeto. Quem adotar a inclusão de um documento a parte, use o tópico Termo da Abertura 5W2H para copiar e revisar na Declaração de Escopo. Nessa alternativa, o Termo de Abertura não precisa ser mais alterado, já que suas informações serão detalhadas e refinadas nos documentos de planejamento.

Como você pode notar a maioria dos tópicos já foram explicados no capítulo de Iniciação, você deve revisá-los e aprofundar em seu detalhamento para deixar claro para todos o que será entregue pelo projeto.

O único tópico novo na Declaração de Escopo é o "Exclusões do projeto / Fora do Escopo". Ele é usado principalmente quando existem conflitos ou partes não muito claras (que podem gerar dupla interpretação) relacionados ao Escopo (que deve ser entregue pelo projeto) de modo a gerenciar as expectativas das partes envolvidas.

Situações comuns onde a importância do tópico aumenta:

- Você desenvolve um projeto para um cliente que sinalizou que quer um requisito específico que não pode ser atendido devido a restrições orçamentárias;

- Você está negociando um contrato de preço fixo com um casal que não obtém consenso em relação a algumas das entregas do projeto.

Em ambas situações, inclua no Tópico "Exclusões do projeto" tudo aquilo que você não planeja fazer no seu projeto e que de algum dos seus clientes desejam. Depois peça a aprovação do documento e ressalte que não está previsto aqueles itens no orçamento do projeto.

Isso diminuirá a chance do seu cliente falar para você na entrega do seu projeto: "Mas, eu te disse quando eu te contratei que era para fazer isso".

E caso isso ocorra, você poderá apresentar o documento de Declaração do Escopo que ele assinou com o item citado no tópico "Exclusões do projeto" de modo a solucionar o conflito de forma mais ágil.

Orientações Gerais

Como você é o patrocinador e o cliente do seu Projeto de Qualidade de Vida, o tópico perde sua relevância. Sugiro deixar com as informações padrão para orientar a equipe do projeto e reforçar a importância de todos conhecerem os objetivos SMART do projeto.

Veja o modelo do projeto qualidade de vida

Exclusões do projeto / Fora do Escopo

Qualquer atividade que não contribua diretamente para o atingimento dos objetivos SMART / critérios de sucesso do projeto descritos acima.

Outro exemplo similar

Exclusões do projeto / Fora do Escopo

Serão consideradas atividades fora do escopo, qualquer outra atividade que não contribua diretamente para o atingimento do Escopo do Produto reportado no tópico acima.

Veja também

Exemplos de Projetos:

- Declaração do escopo da reforma da casa

- Declaração do escopo do novo negócio

- Declaração do escopo de uma viagem

Templates/Modelos:

- Declaração do escopo do Projeto.docx

Artigos de gerenciamento do escopo

- Expectativas, requisitos, critérios de aceitação, restrições, premissas
- Premissas: Quem garante?

- Premissas e Exclusões do Escopo: Quando e como usar?

Dicionário da EAP

Com a Declaração do Escopo pronta, sua EAP também já foi revisada e está concluída.

Agora, você deve criar o dicionário da EAP incluindo todo detalhe necessário para cada elemento da EAP de modo a orientar a equipe do projeto. O dicionário da EAP contém informações sobre como o trabalho será realizado, questões técnicas, ...

Ele pode servir como parte de um sistema de autorização de trabalho descrevendo para os integrantes da equipe cada componente da estrutura analítica do projeto (EAP) e pode ser usado para controlar quando um trabalho específico é realizado de modo a evitar aumento do escopo e aumento da compreensão das partes interessadas sobre o esforço necessário para cada pacote de trabalho.

O dicionário da EAP define limites do que é incluído em cada Pacote de trabalho[106]. Trabalho com dois documentos para incluir todas as informações relacionadas a cada elemento da EAP.

Dicionário da EAP com requisitos

Planilha que funciona como uma grande tabela onde cada coluna é uma informação relacionada ao elemento da EAP. A planilha é excelente para avaliar e comparar cada atributo de cada elemento da EAP, porém, é muito limitada quando é necessário incluir grandes volumes de informação, incluir mais de um hyperlink em uma célula e ainda incluir imagens. Por esse motivo, uso também um documento Word de forma complementar.

Contém a matriz de responsabilidades[107] para cada elemento da EAP e demais informações relevantes.

Além disso, inclui uma Aba de Requisitos onde relaciono as condições a serem satisfeitas (requisitos) para cada elemento da EAP. Os requisitos foram desenvolvidos na iniciação dentro do Tópico requisitos do Termo de Abertura e devem ser revisados e agora documentados relacionando o requisito com seu elemento da EAP.

Veja o modelo do projeto qualidade de vida

Somente as colunas iniciais da Aba EAP do Dicionário do Projeto Qualidade de Vida

EAP	Entrega/Pacote de trabalho	RESP.	Aprova
1	Promoção na sua empresa	Você	Chefe
1.1	Avaliação do mentor	Mentor	Você
1.2	Plano de ação	Você	PMO
1.3	Execução e monitoramento do plano	Você	PMO
2	Corte nos gastos mensais	Você	Cônjuge
2.1	Avaliação dos gastos mensais	Você	Você
2.2	Priorização dos cortes	Você	Você
2.3	Aprovação dos cortes priorizados	Você	Cônjuge
2.4	Negociação com os fornecedores	Você	Você
2.5	Mensuração dos ganhos	Você	Você
2.6	Confirmação das negociações	Você	Você
3	Corte nas horas improdutivas	Você	Você
3.1	Medição das atividades feitas durante uma semana	Você	Você
3.2	Avaliação das horas improdutivas	Você	PMO
3.3	Plano de ação	Você	PMO
3.4	Execução e monitoramento do plano	Você	PMO
4	Projeto Redução de ocorrências	Você	Chefe
5	Projeto vida saudável	Você	Você
5.1	Preparo físico	Você	Médico
5.2	Reeducação alimentar	Você	Médico

Somente algumas colunas da Aba Requisitos do Dicionário do Projeto Qualidade de Vida

EAP	Entrega	Requisito
1	Promoção na sua empresa	As iniciativas devem ser validadas por um Mentor
2	Corte nos gastos mensais	Obter consenso entre a família
5.1	Preparo físico	Esporte deve ser prazeroso
5.1	Preparo físico	Deve ser monitorado pelo especialista
5.2	Reeducação alimentar	Alimentação deve ser saudável e monitorada por especialista

Dicionário da EAP - Complementar a Planilha

Documento Word onde cada tópico é um elemento da EAP. Ele é necessário principalmente para você não ter limitações relacionado a imagem, hyperlinks, tamanho do texto incluído, etc. e para permitir uma consulta de forma detalhada de cada elemento específico da EAP.

Veja o modelo do projeto qualidade de vida

Somente parte do Dicionário da EAP - Complementar a Planilha para sua referência.

1. Promoção na sua empresa

1.1.   Avaliação do mentor

Mentores potencias: Eduardo Montes, Fulano de tal & Ciclano de tal.

1.2.   Plano de ação

A ser construído com a ajuda do mentor

1.3.   Execução e monitoramento do plano

O projeto será monitorado e fará parte do Portfólio do Edu.

2. Corte nos gastos mensais

Exemplo para baixar e adaptar http://escritoriodeprojetos.com.br/como-reduzir-despesas-aumentando-qualidade-de-vida

Avaliação dos gastos mensais

Pré-requisitos:
- Ter uma ferramenta (Planilha de gastos) para controlar as finanças pessoais
- Ter suas despesas lançadas e classificadas por grupos de despesas e/ou por fornecedores

Requisitos desejados da ferramenta:
- Integração com seus extratos bancários ou suas fontes de gastos (Contas correntes, cartão de crédito);
- Facilidade/Agilidade na classificação das despesas;
- Facilidade para determinar suas metas;
- Facilidade para analisar e comparar suas metas x realizado;
- Facilidade para identificar onde gasta-se mais.

Se você já faz um controle mensal das suas despesas, você já deve ter uma categorização de suas despesas. Caso não tenha, você pode criar uma ou usar a minha como modelo (Planilha de gastos modelo).

....

Veja também

Exemplos de Projetos[108]:

- Dicionário da EAP da Reforma da Casa.xlsx[109]
- Dicionário da EAP da Reforma da Casa.docx[110]
- Dicionário da EAP Treinamento.docx[111]

Templates/Modelos:[112]

- Dicionário da EAP.docx[113]
- Dicionário da EAP.xlsx[114]

Passo 3 - Analisar os riscos

Você deve analisar os riscos do projeto para evitar surpresas desagradáveis que poderão inviabilizá-lo.

O levantamento inicial foi feito no Termo de Abertura (Consulte Riscos para mais informações), agora você deve revisá-los, identificar novos riscos, e para cada risco, definir probabilidade, impacto e ação que será tomada conforme template de Gestão de Riscos.

Este passo é composto pelos seguintes processos do PMBOK:

- Planejar o gerenciamento dos riscos

Define como conduzir as atividades de gerenciamento dos riscos de um projeto

- Identificar os riscos

Determina os riscos que podem afetar o projeto e documentar suas características.

- Realizar a análise qualitativa dos riscos

Prioriza riscos para análise ou ação adicional subsequente através de avaliação e combinação de sua probabilidade de ocorrência e impacto.

- Realizar a análise quantitativa dos riscos

Analisa numericamente o efeito dos riscos identificados nos objetivos gerais do projeto. Envolve muito esforço e será somente justificável para projetos de alta complexidade.

- Planejar as respostas aos riscos

Desenvolve opções e ações para aumentar as oportunidades e reduzir as ameaças aos objetivos do projeto.

Trabalho com uma planilha para analisar os riscos do projeto - Registro dos pontos de atenção e também para registrar os problemas à medida que eles ocorrem. Isso agiliza o tratamento e resolução dos potenciais problemas (riscos - ameaças) e dos problemas em andamento a serem resolvidos.

Veja o modelo do projeto qualidade de vida

Vamos então seguir os passos necessários escolhendo dois riscos do projeto Qualidade de Vida. Você deverá 1-identificar os riscos e para cada risco, 2-identificar sua severidade e 3-determinar ações com responsáveis e previsão.

Transformei as 3 primeiras linhas da planilha em colunas da tabela abaixo para encaixar na largura da página e facilitar nossa análise.

1-Identificar os riscos		
Descrição do Risco	Tempo ser insuficiente para executar tudo	Ficar com preguiça para fazer os exercícios
2-Identificar sua severidade (Análise qualitativa) Classifique a probabilidade e o impacto do risco para determinar sua severidade (importância/prioridade). Eu uso atributos de 1 a 5 (1-Muito baixo;2-Baixo;3-médio;4-alto;5-Muito alto) e multiplico seus números para calcular a severidade. Nos exemplos abaixo, 12 e 8 respectivamente. Quanto maior a probabilidade e o impacto, maior a severidade. A severidade varia entre 1 a 25 (5x5). Quanto maior a severidade, maior a priorização no tratamento do risco.		
Probabilidade	4-Alta	2-Baixa
Impacto	3-Médio	4-Alto
Descrição do Impacto	Deixar de fazer algumas das alternativas	Aumentar peso, não alcançar as metas e ter problemas de saúde
3-Determinar as ações para os riscos de maior severidade, responsáveis e previsão de cada ação.		
Descrição da ação	Priorizar entre as alternativas	Priorizar os exercício e caso não faça em um dia, fazer no outro
Responsável	Você	Você
Previsão	Durante todo projeto	Durante todo projeto

Passo 4 - Criar cronograma e orçamento

Após definir a EAP - Estrutura Analítica do Projeto, é necessário definir para cada elemento da EAP, suas respectivas atividades e os recursos necessários gerando assim, o cronograma do projeto.

Este passo agrupa os seguintes processos do PMBOK:

- Definir as Atividades: identifica as atividades específicas que precisam ser realizadas para produzir as várias entregas do projeto.
- Sequenciar as Atividades: identifica e documenta as dependências entre as atividades do cronograma.
- Estimar os recursos das atividades e Estimar as durações das atividades: Estima o tipo e as quantidades de recursos necessários para realizar cada atividade do cronograma.
- Desenvolver o Cronograma: processo interativo que consolida os processos acima.
- Estimar os custos: Inclui valor unitário por recurso na planilha de recursos.
- Determinar o orçamento

Após a execução dos passos anteriores, o software de gerenciamento de projetos irá calcular o prazo e custo do projeto

Veja o modelo do projeto qualidade de vida

Uso o Microsoft Project como ferramenta para gerenciar o cronograma e explicarei abaixo as atividades necessárias para decompor um elemento da EAP do projeto qualidade de vida. Você deverá repetir as atividades para cada elemento da sua EAP e assim finalizará seu cronograma.

Elemento da EAP escolhido: 3.1 - Avaliação dos gastos mensais
1-Definir as atividades para o elemento da EAP
Para fazer a avaliação dos gastos mensais são necessárias executar as seguintes atividades:

Selecionar uma Planilha de gastos modelo para controlar as finanças pessoais

Incluir suas despesas dos últimos 3 meses na planilha

Configurar a planilha [determinar grupos de despesas, fornecedores, ...]

Classificar as despesas por grupos de despesas e/ou por fornecedores

Analisar as maiores despesas e avaliar oportunidades de cortes

2- Sequenciar as Atividades

Verificar se existe algum tipo de dependência entre as atividades, nesse caso, a primeira atividade a ser cumprida necessariamente é a "Selecionar uma Planilha...", pois, sem a planilha, não poderei incluir as despesas nela. Posso criar também dependências lógicas que facilitam a gestão do meu projeto. No exemplo, proponho seguir a seguinte ordem lógica:

1. Selecionar uma Planilha de gastos modelo para controlar as finanças pessoais
2. Incluir suas despesas dos últimos 3 meses na planilha
3. Configurar a planilha [determinar grupos de despesas, fornecedores, ...]
4. Classificar as despesas por grupos de despesas e/ou por fornecedores
5. Analisar as maiores despesas e avaliar oportunidades de cortes

3-Estimar os recursos e as durações das atividades

Para atividade 1-Selecionar uma Planilha de gastos modelo para controlar as finanças pessoais

Recursos necessários: Você para fazer a pesquisa, e um computador com Internet

Duração: Se você cogitar usar a planilha mesmo depois do projeto, sugiro uma pesquisa e avaliação de pelo menos 2 planilhas que gostar. Por esse motivo, estimo 8 horas ou 1 dia.

Avalie os recursos necessários e a duração para as outras quatro atividades

4-Desenvolver o cronograma

Processo interativo que consolida todas as atividades para todos os elementos da EAP.

5-Estimar os custos

Basta incluir os custos unitários em cada um dos recursos usados que o software (Microsoft Project) faz o cálculo do custo por atividade, totalizando cada elemento da EAP e do orçamento do projeto como um todo.

Passo 5 - Revisar e aprovar o planejamento

Com o escopo definido (Passo 2), os riscos analisados e tratados (Passo 3) e o cronograma e orçamentos criados (Passo 4), é necessária uma revisão final antes de submeter o plano para aprovação.

Plano de Gerenciamento do Projeto

Em primeiro lugar, deve-se determinar como o projeto será executado, controlado, monitorado e encerrado levando em consideração todas as áreas de conhecimento do projeto e como elas serão integradas e consolidadas através do Plano de Gerenciamento do Projeto.

Esse é o principal passo do planejamento, pois, integra todos os documentos criados até agora complementando-os, e provavelmente, o processo mais importante, pois, através do planejamento, seremos capazes de:

- Determinar os objetivos e como atingi-los;
- Eliminar ou reduzir incerteza;
- Aperfeiçoar eficiência dos processos;
- Obter um melhor entendimento dos objetivos;
- Antecipar aos problemas futuros.

Costumo enfatizar que para ter sucesso no projeto é crucial que o projeto seja bem planejado com o envolvimento da equipe do projeto para garantir seu comprometimento na execução do que foi planejado.

Os projetos, nos quais alguém planeja e outra executa, acabam gerando questionamentos em relação ao planejado e um menor comprometimento da equipe. Explicarei com mais detalhes no capítulo de execução.

Veja o modelo do projeto qualidade de vida

Veja abaixo o exemplo do modelo do projeto qualidade que é genérico para todos projetos. Os detalhes relacionados a execução, controle, monitoramento e encerramento serão explicados nos capítulos seguintes.

Adapte-o conforme sua necessidade.

Objetivos deste documento

Descrever como o projeto será executado, controlado, monitorado e encerrado.

Além de servir como guia para a equipe durante todo o projeto.

Linha de base do Escopo do Projeto

A Linha de base do escopo é composta pelos seguintes documentos em anexo:

Declaração do escopo do projeto;
Estrutura analítica do projeto - EAP;
Dicionário da EAP.

A Declaração do escopo do projeto contém:

Situação atual e justificativa do projeto;
Objetivos SMART e critérios de sucesso do projeto;
Premissas do projeto;
Restrições do projeto.

Matriz de Responsabilidade

Veja documentos de Registro das partes interessadas e o Dicionário da EAP em anexo.

O Registro das partes interessadas contém todas as partes interessadas do projeto e suas principais responsabilidades;

O Dicionário da EAP contém todas as entregas do projeto com seus responsáveis pela execução, pela aprovação, quem deve ser consultado e quem deve ser informado (RACI).

Cronograma de Execução e Orçamento do Projeto

Veja cronograma em anexo.

O cronograma contém todas as atividades do projeto e é construído pela técnica de decomposição da EAP.

Decompõe-se cada entrega da EAP, em atividades sumárias que são decompostas em atividades e assim por diante até obter-se o nível de detalhe desejado.

Para cada atividade identificada, identifica-se os recursos necessários e suas respectivas quantidades, que irão compor o orçamento do projeto.

Para visualizar o prazo, use a visão PMO-Gantt Chart.

Para visualizar os custos, use a visão PMO-Custos do cronograma.

Como será medido o Progresso do Projeto

[A ser detalhado no capítulo Controle.]

Através do Gerenciamento do valor agregado e de seus indicadores de prazo e custo (SPI & CPI) e semáforos para indicar o progresso do projeto.

Para isso, a linha base de tempo e custos é salva após a conclusão do planejamento.

Após isso, será feito o acompanhamento semanal entre o planejado (linha de base salva) com o realizado.

A comunicação dos indicadores será feita através do Status Report Semanal no tópico Sumário Executivo.

Gestão de Riscos e Problemas

Veja o Registro dos pontos de atenção.xlsx em anexo.

O Registro dos pontos de atenção contém os riscos e os problemas identificados ao longo do projeto em uma única planilha para facilitar o seu monitoramento e a rápida resolução dos problemas.

Ele é usado nas lições aprendidas e contribui com o aperfeiçoamento contínuo, pois:

> Mostra os riscos previstos que realmente aconteceram e aqueles que não foram previstos e aconteceram e;
> Como foram tratados e as soluções definitivas para evitar novos problemas em outros projetos.

Gestão da Comunicação

A estratégia de comunicação está detalhada na Matriz de Comunicação em anexo.

Gestão de mudança de Escopo

Toda mudança deverá ser solicitada através do formulário e enviada ao Gerente de Projeto por e-mail, o Gerente de Projeto fará sua avaliação, incluirá no Log de Mudanças e encaminhará para aprovação do patrocinador do projeto. O Log de Mudanças ficará na pasta do projeto e conterá todas as solicitações com seu status atualizado, mesmo que ela seja rejeitada.

Após a revisão do plano de projeto e a definição de como o projeto será executado, controlado, monitorado e encerrado, o plano será submetido para aprovação.

Importante que todas as partes interessadas mais críticas aprovem o documento. A aprovação pode ser eletrônica ou escrita dependendo do nível de formalização necessária para o seu projeto.

Após a aprovação do plano de projeto, deve-se salvar a linha de base.

A linha de base é a fotografia do planejado no momento de sua aprovação. Ela é usada para comparar com o realizado e verificar se existem desvios entre planejado x realizado que faz parte do processo de monitoramento a ser detalhado no capítulo Grupo de Processos de Monitoramento e Controle.

Fatores Críticos de Sucesso

- Definir o escopo e assegurar que as entregas estejam bem definidas;

- Definir equipe adequada às necessidades do projeto e assegurar que os recursos estejam disponíveis conforme definido no plano de projeto;

- Avaliar os riscos e criar plano de repostas;

- Definir a estratégia de comunicação do projeto;

- Salvar as linhas de base de prazo, custo e escopo;

- Definir a forma de monitorar as linhas de base de prazo, custo e escopo;

- Criar um ambiente no qual as partes interessadas possam contribuir de forma adequada.

Processos do Guia PMBOK®

Conheça abaixo os processos de Planejamento do Guia PMBOK® detalhados nos Livros das áreas de conhecimento dessa série. (PMI®, 2017 p. 556)

Tabela 6.3 Processos de Planejamento e suas áreas de conhecimento

Área de conhecimento	Processo de planejamento
Integração	Desenvolver o plano de gerenciamento do projeto
Escopo	Planejar o gerenciamento do escopo Coletar os requisitos Definir o escopo Criar a EAP
Cronograma	Planejar o gerenciamento do cronograma Definir as Atividades Sequenciar as Atividades Estimar as durações das atividades Desenvolver o Cronograma
Custos	Planejar o gerenciamento dos custos Estimar os custos Determinar o orçamento
Qualidade	Planejar o gerenciamento da qualidade
Recursos	Planejar o gerenciamento dos recursos Estimar os recursos das atividades
Comunicações	Planejar o gerenciamento das comunicações
Riscos	Planejar o gerenciamento dos riscos Identificar os riscos Realizar a análise qualitativa dos riscos Realizar a análise quantitativa dos riscos Planejar as respostas aos riscos
Aquisições	Planejar o gerenciamento das aquisições
Partes interessadas	Planejar o engajamento das partes interessadas

Sua Vez de Participar – Planejamento

Abaixo resumo de cada passo com informações complementares para facilitar a aplicação do conhecimento adquirido e otimizar seu tempo.

Sua Vez de Participar 2 – Definir o escopo

O passo 2-Definir o Escopo envolve revisar de forma detalhada o que foi levantado na Iniciação, principalmente os tópicos do Termo de Abertura 5W2H da Iniciação (What - O que? (Escopo do Produto); How - Como? Escopo do Projeto).

Checklist dos passos anteriores:

- Equipe do projeto definida.
- Diretório do projeto criado.
- Termo de Abertura criado e aprovado pela equipe do projeto.
- Fundamentos (Cap.1 a 4) entendidos e dúvidas esclarecidas no fórum.
- Capítulo 5 lido e dúvidas esclarecidas no fórum.

Preparação para você:

- Garanta que o checklist acima está concluído.

Preparação para você e sua equipe:

- Leia o capítulo 6 (do início até o final do passo 2) e inclua suas dúvidas no fórum do grupo do Livro.
- Separe da sua pesquisa feita, EAP - Estrutura Analítica do Projeto dos projetos similares da sua pesquisa inicial feita no Google e nos Exemplos de Projetos e/ou Modelos de Projetos do site.
  - Eles já devem estar na pasta Referencias do seu projeto conforme explicado no e-mail anterior.
  - Se achar que não tem um bom exemplo, faça pesquisas adicionais.
- Peça para a equipe se preparar para o encontro.
- Agende o encontro com a equipe.

Tempo a ser reservado:

Reserve pelo menos 2 horas para a revisão do escopo e agora a preocupação é detalhar o suficiente para iniciar a execução.

Ferramentas e Técnica usadas:

Recomendo o uso do Planejamento em ondas sucessivas principalmente quando você não tem detalhamento suficiente do que será feito, ou o nível de incerteza e de probabilidade de mudanças é elevado.

A Decomposição é a divisão de um componente maior em componentes menores, fundamental, para criar a EAP, iniciando pelas fases, definindo as entregas de cada fase, e depois, os pacotes de trabalho de cada entrega.

Entradas: (Quais são os insumos importantes para cada passo?)

Exemplos de Projetos:

- Declaração do escopo da reforma da casa
- Declaração do escopo do novo negócio
- Declaração do escopo de viagem
- EAP da Reforma da Casa.pdf
- EAP do novo negócio.png
- EAP da viagem.jpg
- Dicionário da EAP SPD Consultoria.docx
- Dicionário da EAP Treinamento.docx

Templates/Modelos:

- Declaração do escopo do projeto
- Dicionário da EAP com requisitos
- Dicionário da EAP - Complementar a Planilha

Dicas importantes:

Use bem cada um dos três documentos para garantir o alinhamento da equipe em relação ao que deve ser feito.

- EAP: A estrutura analítica do projeto é o principal documento de todo projeto, ele mostra o que deve ser feito de forma gráfica e hierárquica facilitando o entendimento e deixando todos na mesma página. Normalmente, deixo a EAP, como anexo da Declaração do escopo.
- Declaração do escopo do projeto: deve esclarecer para todos o escopo do projeto, incluindo justificativa, objetivos, o que não será feito no projeto, restrições etc. Veja os exemplos.

- Dicionário da EAP: detalha cada componente da EAP, cada entrega do projeto. Uso um documento e uma planilha.
  - O documento é usado para conter todo detalhamento incluindo imagens, hyperlinks, exemplos, referências e o que mais for necessário.
  - A planilha é mais apropriada para incluir vários detalhes no formato de tabela incluindo uma Matriz de Responsabilidades e os Requisitos.

Sua Vez de Participar 3 – Analisar os riscos

O Passo 3-Analisar os riscos envolve revisar de forma detalhada os riscos levantados no passo 1.

Checklist dos passos anteriores:

- Equipe do projeto definida.
- Diretório do projeto criado.
- Termo de Abertura criado e aprovado pela equipe do projeto.
- Fundamentos (Cap.1 a 4) entendidos e dúvidas esclarecidas no fórum.
- Capítulo 5 lido e dúvidas esclarecidas no fórum.
- Escopo revisado com Declaração do Escopo, EAP e Dicionário da EAP criados.

Preparação para você:

- Garanta que o checklist acima está concluído.

Preparação para você e sua equipe:

- Leia o capítulo 6 (do início até o final do passo 3) e inclua suas dúvidas no fórum do grupo do Livro.
- Separe da sua pesquisa feita, os riscos dos projetos similares da sua pesquisa inicial feita no Google e nos Exemplos de Projetos e/ou Modelos de Projetos do site.
  - Eles já devem estar na pasta Referencias do seu projeto conforme explicado no e-mail anterior. O documento deve chamar Registro dos pontos de atenção ou Registro dos riscos.

o   Se achar que não tem bons exemplos, baixe os Exemplos de riscos genéricos e/ou faça pesquisas adicionais.
- Peça para a equipe se preparar para o encontro.
- Agende o encontro com a equipe.

Tempo a ser reservado:

Reserve pelo menos uma hora para a revisão dos riscos e agora a preocupação é priorizar os riscos e determinar como trata-los iniciando pelo mais prioritário.

Ferramentas e Técnica usadas:

Recomendo o uso da Análise de forças, fraquezas, oportunidades e ameaças (SWOT) para verificar seus pontos fortes e fracos e como aproveitá-los da melhor forma.

Importante que seja feita uma Análise de premissas para tratar aquelas premissas que estão fora do seu controle e que possam impactar de forma significativa no projeto.

A Opinião Especializada pode lhe ajudar em todo processo de análise dos riscos, iniciando pela Identificação os riscos, depois priorizando e por fim definindo como tratar os riscos priorizados.

Entradas: (Quais são os insumos importantes para cada passo?)

Exemplos de Projetos:

- Registro dos pontos de atenção do Ciclo PDCA do Edu
- Registro dos pontos de atenção do Projeto Qualidade de Vida
Templates/Modelos:

- Registro dos pontos de atenção

Dicas importantes:

Trabalho com uma planilha para analisar os riscos do projeto - Registro dos pontos de atenção e também para registrar os problemas à medida que eles ocorrem. Isso agiliza o tratamento e resolução dos potenciais problemas (riscos - ameaças) e dos problemas em andamento a serem resolvidos e reduz a quantidade de arquivos a serem gerados.

Sua Vez de Participar 4–Criar cronograma e orçamento

O Passo 4-Criar cronograma e orçamento envolve decompor cada componente da EAP em atividades.

Checklist dos passos anteriores:

- Equipe do projeto definida.
- Diretório do projeto criado.
- Termo de Abertura criado e aprovado pela equipe do projeto.
- Fundamentos (Cap.1 a 4) entendidos e dúvidas esclarecidas no fórum.
- Capítulo 5 lido e dúvidas esclarecidas no fórum.
- Escopo revisado com Declaração do Escopo, EAP e Dicionário da EAP criados.
- Riscos revisados, priorizados, tratados e documentados no Registro dos pontos de atenção.

Preparação para você:

- Garanta que o checklist acima está concluído.

Preparação para você e sua equipe:

- Leia o capítulo 6 do Livro (do início até o final do passo 4) e inclua suas dúvidas no fórum do grupo do Livro.
- Separe da sua pesquisa feita, os Cronogramas dos projetos e os Dicionários da EAP similares da sua pesquisa inicial feita nos Exemplos de Projetos e/ou Modelos de Projetos do site.
  - Eles já devem estar na pasta Referencias do seu projeto conforme explicado em e-mail anterior.
  - Se achar que não tem bons exemplos, faça pesquisas adicionais.
  - O Dicionário da EAP contém informações valiosas para gerar a lista de atividades de cada componente da EAP.
- Peça para a equipe se preparar para o encontro.
- Agende o encontro com a equipe.

Tempo a ser reservado:

Reserve pelo menos duas horas para decompor cada componente da EAP em suas atividades. Esse trabalho poderá dispender mais de uma reunião conforme a complexidade do seu projeto.

Ferramentas e Técnica usadas:

Da mesma forma que sugeri o uso do Planejamento em ondas sucessivas no passo 2-Definir o escopo, você deve usá-lo para os componentes da EAP que não tem detalhamento suficiente do que será feito, ou o nível de incerteza e de probabilidade de mudanças é elevado.

A Decomposição é a divisão de um componente maior em componentes menores, fundamental, para decompor cada componente da EAP em uma lista de atividades.

Para gerar meus cronogramas, uso o Microsoft Project. Entretanto, caso seu projeto não tenha tantas atividades, você pode fazer esse detalhamento através do Microsoft Excel ou ainda de outros softwares de gestão de atividades.

Entradas: (Quais são os insumos importantes para cada passo?)

Exemplos de Projetos:

- Cronograma da reforma da casa
- Cronograma do Ciclo PDCA do Edu
- Cronograma do Projeto Qualidade de Vida

Templates/Modelos:

- Cronograma do Projeto.mpp
- Previsões do Orcamento.xlsx

Dicas importantes:

Se pretende ser um gerente de vários projetos, recomendo que faça um curso de Microsoft Project ou de outro software de gerenciamento de cronogramas. Se você optou pela associação Project Together, contará com minhas orientações de como montar seu cronograma usando o Microsoft Project ou a ferramenta que selecionarmos.

Para criar o orçamento, use a planilha <u>Previsões do Orcamento.xlsx</u>.

Sua Vez de Participar 5-Revisar e aprovar o planejamento

O passo 5- Revisar e aprovar o planejamento revisa todos os passos anteriores envolvendo as partes interessadas para garantir a sua aprovação do planejamento e o seu comprometimento na execução do projeto.

<u>Checklist dos passos anteriores</u>:

- Equipe do projeto definida.
- Diretório do projeto criado.
- Termo de Abertura criado e aprovado pela equipe do projeto.
- Fundamentos (Cap.1 a 4) entendidos e dúvidas esclarecidas no fórum.
- Capítulo 5 lido e dúvidas esclarecidas no fórum.
- Escopo revisado com Declaração do Escopo, EAP e Dicionário da EAP criados.
- Riscos revisados, priorizados, tratados e documentados no Registro dos pontos de atenção.
- Cronograma e orçamento criado.

<u>Preparação para você</u>:

- Garanta que o checklist acima está concluído.

<u>Preparação para você e sua equipe</u>:

- Leia o capítulo 6 e inclua suas dúvidas no fórum do grupo do Livro.
- Leia também no capítulo 7 – Passo 6 – Engajar as partes interessadas, o tópico "Estratégias para engajar a equipe, principalmente o sub tópico "Quem executa deve ser o mesmo que estima".
- Provavelmente, existem pontos a serem melhorados no seu planejamento, sendo assim, separe da sua pesquisa feita, todos documentos que podem ajudar da sua pesquisa inicial feita nos <u>Exemplos de Projetos</u> e/ou <u>Modelos de Projetos</u> do site.

- o Eles já devem estar na pasta Referencias do seu projeto conforme explicado no e-mail anterior.
- o Se achar que não tem bons exemplos, faça pesquisas adicionais.
- Peça para a equipe se preparar para o encontro.
- Agende o encontro com a equipe.

Tempo a ser reservado:

Reserve pelo menos duas horas para a revisão final e agora a preocupação é priorizar os riscos e determinar como trata-los iniciando pelo mais prioritário.

Esse trabalho poderá dispender mais de uma reunião conforme a complexidade do seu projeto.

Ferramentas e técnicas usadas:

Com o foco nos pontos a serem melhorados, use as ferramentas sugeridas nos passos anteriores.

A Opinião Especializada é muito indicada para ajudar nessa revisão final. O especialista pode fazer uma revisão de qualidade identificando os pontos a serem aperfeiçoados e recomendando alternativas para melhorá-los.

Entradas: (Quais são os insumos importantes para cada passo?)

Exemplos de Projetos:

- Plano de gerenciamento do projeto do Ciclo PDCA do Edu
- Plano de gerenciamento do projeto do Projeto Qualidade de Vida

Templates/Modelos:

- Plano de Gerenciamento do Projeto.docx

Dicas importantes:

Com o escopo definido (Passo 2), os riscos analisados e tratados (Passo 3) e o cronograma e orçamentos criados (Passo 4), é necessária uma revisão final antes de submeter o plano para aprovação. Importante criar um ambiente no qual as partes interessadas possam contribuir de forma adequada e envolve-las para contribuir com o planejamento e nas formas de controlar e monitorar o projeto e garantir seu engajamento na execução do projeto. Para garantir o engajamento, não deixe de ler no capítulo 7 – Passo 6 – Engajar as partes interessadas, o tópico "Estratégias para engajar a equipe, principalmente o sub tópico "Quem executa deve ser o mesmo que estima".

7 Grupo de Processos de Execução

Chegamos no momento mais crítico do projeto. Até agora, estávamos nos preparando e documentando nossas ações. O papel aceita tudo, inclusive um planejamento muito mal feito e cheio de falhas. Agora você terá a chance de verificar se o planejado é factível, você testará na prática a sua capacidade de se preparar de forma adequada.

Passo 6 - Engajar as partes interessadas

Para obter êxito na execução, o primeiro passo é garantir o engajamento das partes interessadas, iniciando pela sua equipe para conseguir executar conforme planejado, e posteriormente, para as demais partes interessadas.

Importante iniciar pela sua equipe devido ao poder maior que você tem sobre eles aumentando assim sua chance de engajá-los. Além disso, se as demais partes interessadas não reconhecer você como um bom líder (capaz de engajar sua equipe), elas podem questionar sua habilidade de gerenciar o projeto e criar resistências ao projeto.

A contrapartida também é válida, se você é reconhecido como um bom líder, você provavelmente terá maior credibilidade e engajamento das demais partes interessadas.

Para isso, iremos detalhar primeiramente as estratégias para engajar a equipe: quais as melhores estratégias para conseguir o comprometimento de sua equipe. Posteriormente, apresentarei as piores práticas e as causas mais comuns que podem desmotivar sua equipe acarretando em desvios ou até ao cancelamento do projeto.

Avalie as estratégias e as piores práticas apresentadas para definir as estratégias a serem adotados para engajar as demais partes interessadas.

Estratégias para engajar a equipe

Existem várias formas de obter o comprometimento da sua equipe e literatura farta sobre o tema, contudo nenhuma delas funcionará sempre com todas as pessoas e por mais que você se esforce, é praticamente impossível agradar a todos.

Destaco abaixo as estratégias adotadas com minhas equipes e que comprovadamente contribuíram para o seu comprometimento. Use-as e adapte-as conforme seu estilo e sua equipe atual.

Algumas dessas estratégias podem ser usadas para as demais partes interessadas do projeto como seus clientes e patrocinadores.

Lidere pelo exemplo e construa sua credibilidade

Se sua equipe acredita em você, se elas sabem que não serão enganadas, primeiro ponto para você. Obter a confiança das pessoas, é algo demorado (as pessoas por natureza são desconfiadas) e que pode ser perdido em uma pequena mentira ou até uma brincadeira mal interpretada.

Busque sempre a coerência entre o que você fala e o que você faz. A coerência é uma condição necessária para a credibilidade. Por exemplo, se você diz para sua equipe que a pontualidade é crucial para o projeto, mas, está sempre atrasado, qual motivação sua equipe terá para ser pontual?

Ofereça as condições necessárias e ressalte a importância do trabalho de cada um

Se você é o responsável pela equipe, você deve fornecer as melhores condições de trabalho possível (treinamento, equipamentos, ferramentas, e o que mais for necessário para obter o melhor desempenho de cada atividade.)

Como você poderá exigir cumprimento de prazo se você não deu as condições adequadas para a pessoa executar a atividade?

Deixe claro para cada membro da equipe a relevância do seu serviço para o projeto e que ele deve contar contigo sempre que necessitar de algum treinamento ou ferramenta que possa ajudá-lo na execução das suas atividades.

É claro que nem sempre você conseguirá atender todas solicitações devido a algum tipo de restrição (orçamento, disponibilidade, ...). Quando não for possível, você deve buscar alternativas e deixar claro o porquê de não atender sua solicitação.

Eles são mais engajados quando reconhecem seu empenho em fornecer as melhores condições de trabalho possível.

Quem executa deve ser o mesmo que estima

Os integrantes da sua equipe são mais comprometidos quando estimam o esforço das suas atividades.

Várias empresas têm equipes distintas para estimar o esforço para o projeto e para executar o projeto depois de aprovado. Apesar de ser uma prática comum, é também causa de reclamações constantes da equipe responsável pelas entregas.

Você gostaria de ser responsável por cumprir prazo (normalmente difícil de ser cumprido) e que nem foi consultado se era viável ou não?

Quando alguém da sua equipe afirma ser possível o cumprimento de uma atividade num determinado prazo, ele acaba se sentindo na obrigação de cumprir aquele prazo. É uma questão de competência.

Em contrapartida, se foi outra pessoa que orçou, não faltarão desculpas fundamentadas como "Eu disse que não era viável o cumprimento do prazo desde o início" ou "O pessoal de vendas sempre passando datas impossíveis de serem cumpridas", entre outras.

Se na sua empresa, a equipe de projetos não pode participar da estimativa inicial, uma estratégia que adoto é solicitar uma revisão pela equipe de projetos dos prazos estimados. Se necessário, faço uma repactuação das datas.

Motive sua equipe com ações para integrá-los

A sensação de fazer parte de uma equipe unida que trabalham por objetivos conhecidos, tem grande influência no comprometimento das pessoas.

Ações simples como um happy hour, reuniões periódicas, confraternizações podem fazer uma grande diferença no resultado da equipe.

Lembro-me bem quando comecei a gerenciar minha primeira equipe no Martins onde implementei várias iniciativas para manter a equipe unida e motivada. Criei uma reunião mensal, que chamava de momentos felizes, onde sempre trazia algo novo para capacitá-los e depois discutíamos de forma individual e em grupo como melhorar o desempenho da equipe e de cada um deles. Na época, minha equipe teve um dos melhores índices de satisfação na pesquisa de clima anual.

Um bom sinal em relação a união da equipe é quando eles normalmente saem juntos para almoçar. É claro que existem exceções, mas, se isso não estiver ocorrendo, avalie o motivo, pois, a causa pode ser conflitos entre a equipe.

Mostre que você se importa com eles

Quando sua equipe reconhece que se preocupa com eles e trata-os como pessoas considerando-os acima dos interesses do projeto, você tem uma maior probabilidade de conseguir o comprometimento de todos.

Ações para integrá-los, sua preocupação em oferecer as melhores condições de trabalho possível (estratégias citadas anteriormente), entender as limitações de cada um, confortá-los em seus momentos mais difíceis como perdas de entes queridos demonstra o quanto você se importa com eles aumentando muito o comprometimento da sua equipe.

Conheça cada indivíduo da sua equipe

O ser humano normalmente considera seus interesses individuais em primeiro lugar. Se você não atender pelo menos parcialmente os interesses de cada membro da sua equipe, provavelmente, você encontrará resistência e atrasos no cumprimento das tarefas.

Uma forma única para motivar todos pode gerar resistências que você não deseja. Conheça os fatores motivacionais de cada integrante da sua equipe, e avalie a possibilidade de atender a todos.

Lembre-se que cada um olha para o seu próprio umbigo e se você quer sua equipe trabalhando para você, terá de se preocupar com os interesses deles e se esquecer disso, provavelmente, acabará sozinho e com um projeto cancelado.

A única estratégia viável pode ser a troca do membro da equipe

Entretanto, existem determinadas situações que a única alternativa efetiva será a troca do integrante da equipe. Se alguém da sua equipe tem interesses incompatíveis com o seu projeto, o melhor caminho é a sua troca.

É uma situação rara, mas, caso aconteça com você, o melhor é agir de forma rápida para evitar que a sua postura possa "contaminar" o desempenho do restante da equipe.

Passei por essa situação duas vezes em mais de 300 projetos entregues.

Na primeira situação, identifiquei no primeiro dia que a pessoa contratada não tinha as habilidades que precisávamos no projeto, e pedi a sua troca no mesmo dia.

Na segunda situação, o profissional tinha as habilidades necessárias, mas, aparentemente, estava focado em tocar sua empresa nas horas vagas do projeto e estava muito resistente a todas questões do projeto. As estimativas sempre não eram suficientes, tudo era difícil, e seu desempenho estava muito inferior ao restante da equipe. Conversei com ele, tentei dar mais uma oportunidade, mas, ele não correspondeu. Sua troca trouxe uma pessoa mais engajada ao projeto e acabou motivando o restante da equipe.

Adapte, combine e crie suas próprias estratégias

Importante ressaltar que as estratégias podem ser mais efetivas com algumas pessoas do que com outras. Contudo, mais importante que adotá-las é monitorar o engajamento da sua equipe e das partes interessadas como um todo, ficar atento a qualquer sinal de resistência e adaptá-las sempre que for necessário.

Piores práticas

Impressionante como os erros se repetem e recursos são perdidos sem analisarmos nossa base histórica. Portanto, relaciono as piores práticas que já vi repetir muitas vezes para que você possa evitá-las em seus projetos:

Achar que incluir mais recursos vai reduzir o prazo

Por mais que você queira e até necessite fazer mais rápido uma atividade, incluir mais pessoas para ajudá-lo nem sempre será uma boa ideia.

Em algumas empresas, existe uma certa abundância de estagiários ou pessoas menos experientes por custarem menos para a empresa, e é muito comum oferecê-los no momento que o projeto está atrasado ou tem um prazo muito desafiador para ser cumprido.

Alguns pontos que você deve considerar antes de aceitar uma oferta tão generosa:

- Se somente você sabe fazer determinada atividade, você terá que reservar um tempo para treinar seu estagiário;

- A pessoa treinada provavelmente gastará mais tempo que você para executar a atividade;

- E ainda, a chance de existir retrabalho pelo fato da pessoa pouca treinada não fazer da forma correta da primeira vez é muito maior do que você fizer;

- Esses tempos somados podem ser bem maior do que o tempo que você concluiria a mesma atividade. Ao invés de ajudar, pode atrasar ainda mais o seu projeto. Não deixe de fazer essa conta.

- Existem atividades que não podem ser executadas de forma paralela e outras que quando executadas de forma paralela, aumentam sua complexidade e os riscos de gerarem retrabalho;

- Então lembre-se de avaliar se existe a possibilidade de mais de uma pessoa trabalhar executando a atividade e quais são os riscos associados se executadas em paralelo.

Já dizia o ditado popular: "Não se pode gerar um bebê em um mês engravidando nove mulheres".

Achar que o medo e a pressão resolvem

Existem vários executivos de empresas que trabalham por pressão e que tem como objetivo sugar o máximo de cada membro da equipe e eles contratam você, o gerente de projeto, para pressionar a equipe.

Se fizermos uma analogia com o período de escravidão, você está sendo contratado para ser o feitor, ou seja, responsável pela chibata e sua equipe são os escravos que devem fazer o trabalho a todo custo.

Pontos a considerar:

- Não vivemos mais no período da escravidão e precisamos que nossa equipe esteja motivada com o projeto e não com medo de você;

- Você como gerente de projeto é responsável por garantir o cumprimento das atividades de cada integrante da equipe do projeto, então, você naturalmente, terá que cobrá-los em relação as suas atividades (essa é uma das suas responsabilidades). Portanto, você tem maior probabilidade de ficar com fama de chato ou de cobrador. Cuidado, se sua equipe não goste de você, dificilmente, farão algo por você.

- A pressão pode trazer bons resultados (principalmente no curto prazo), mas, ela deve ser feita na medida correta, caso contrário, sua equipe pode lhe abandonar no meio do projeto. E por mais que você consiga resultados no curto prazo, eles lembrarão de você e assim que puderem lhe darão o troco de alguma forma.

"Elimine o medo para que todos possam trabalhar efetivamente para a empresa". Esse é o oitavo princípio para gestão de Deming[115] onde ele enfatiza que as pessoas podem mentir quando estão com medo de perder seus empregos.

Veja também meu artigo <u>O Gerente de Projetos deve Cobrar ou Motivar sua equipe de projeto?</u> Com informações complementares de como gerenciar sua equipe na execução do projeto.

Não procurar identificar as causas dos problemas

Infelizmente, as pessoas passam mais tempo do que deveriam resolvendo problemas do que os solucionando de forma definitiva.

Todo problema tem uma causa e corrigir somente o problema sem atuar na causa, aumenta a chance do problema se repetir e também de aumentar seu impacto nas próximas ocorrências.

Em projetos especialmente, ignorar as causas dos problemas pode ser vital ao seu projeto. Se o projeto atrasou porque alguém não tem o treinamento adequado, é melhor você capacitá-lo adequadamente ou escolher alguém mais capacitado para fazê-lo. Sem atuar na causa, o projeto continuará atrasando ainda mais aumentando a insatisfação das pessoas.

Como eu disse nas estratégias para engajar a equipe, você deve oferecer as condições necessárias para a realização do trabalho, e se você não está fazendo, além do atraso no projeto, você perde credibilidade, e a situação vai piorando como uma bola de neve.

A regra 80/20 de Pareto, um economista italiano, determina que 80% dos problemas são devidos a 20% das fontes de erro. (Rose, 2005 p. 86)

A regra 80/20 ajuda a manter nosso foco no que realmente importa, e enfatiza a importância de analisarmos as causas e priorizar a atuação naquelas que são responsáveis pela maioria dos problemas.

Não importar com os interesses das partes interessadas

Essa pior prática só vem enfatizar a importância das estratégias adotadas para engajar a equipe como:

- "Conheça cada indivíduo da sua equipe" e motive-o conforme sua necessidade;

- "Mostre que você se importa com eles" e aumentará muito o engajamento da sua equipe.

Rene McPherson, ex-presidente da DANA, disse "Quase todo executivo concorda que as pessoas são seus ativos mais importantes, mas quase ninguém adere a esse princípio. " (Kermally, 1997 p. 147)

Ele só vem reforçar como os executivos ainda não se importam com as pessoas, apesar de saber que elas são o capital mais valioso da empresa. Não cometa esse erro e valorize as pessoas porque elas são a ativo mais importante do seu projeto.

Passo 7 - Orientar e Executar o que foi planejado

Baseado no cronograma (Passo 4), você deve coordenar os responsáveis para realizar o que foi planejado.

Na execução, começam a aparecer os primeiros desvios e a pressão e o pânico começam a surgir com maior frequência. Você deve usar suas ferramentas e habilidades de modo a:

- Conectar as partes interessadas para atingir o objetivo do projeto;

- Manter a equipe motivada;

- Lidar com os conflitos;

- Agilizar a tomada de decisão;

- Identificar as causas de desvios e problemas;

- Garantir os níveis de serviço contratados tanto da equipe interna quanto dos fornecedores;

- E principalmente, saber a dose certa de pressão.

E por esse motivo, você se preparou para esse momento (Passo 6).

Vamos as habilidades e as ferramentas mais importantes.

Habilidades

Já vimos no capítulo de Fundamentos, as principais Habilidades em Gerenciamento de Projetos. Para ter êxito na execução, recomendo o desenvolvimento das habilidades de Gestão de conflitos e Negociação que detalho a seguir.

Gestão de conflitos [116]

Atualmente, os ambientes estão cada dia mais competitivos e com maior pressão, acarretando em um maior número de conflitos.

O gerente de projeto deve mapear rapidamente as partes interessadas e seus principais interesses no projeto, principalmente, as pessoas mais resistentes ao projeto e mais melindrosas, e criar estratégias (como as estratégias adotadas para engajar a equipe) para reduzir essas resistências e possíveis conflitos.

Uma fonte comum de conflitos é uma demanda do projeto. O que aparentemente é bom para uma parte interessada, pode ser conflitante em relação a outra demanda solicitada.

Você deve sempre avaliar as demandas e privilegiar a que mais agrega valor ao projeto. O cliente deve ser o primeiro a ser ouvido, já que é ele que usará os produtos e serviços entregues, porém, lembre-se que poderá existir solicitação conflitantes entre diferentes clientes e nem sempre uma solicitação de um cliente agrega valor ao produto (faça uma análise de custo x benefício).

Abaixo algumas das técnicas usadas para gerenciar os conflitos citadas no Guia PMBOK®:

- Colaborar/resolver o problema: Incorporar diversos pontos de vista e opiniões que resulta no consenso e compromisso (requer atitude de troca e diálogo);

- Comprometer/reconciliar: (Negociação): Encontrar soluções que tragam alguma satisfação para os envolvidos (ganha-ganha);

- Forçar/direcionar (Imposição): Forçar um ponto de vista em detrimento dos outros (ganha-perde);

- Suavizar/acomodar (Panos quentes): Enfatizar as áreas de acordo e não as diferenças;

- Recuar/evitar (Retirada): Postergar a entrada numa situação de conflito efetivo ou potencial e deixar para resolver mais tarde ou para que o problema seja resolvido por outros.

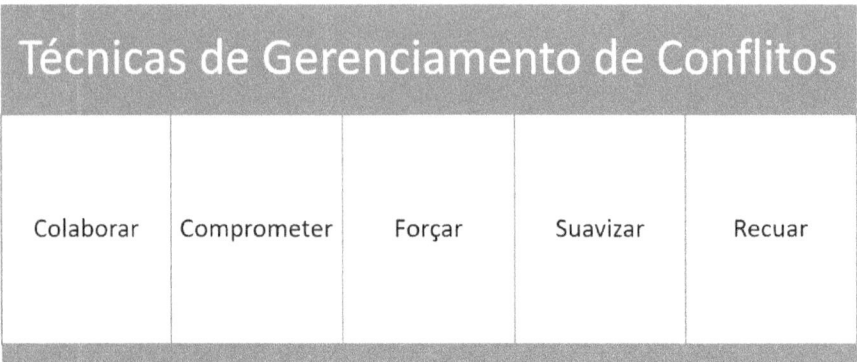

Figura 7.1 Técnicas de Gerenciamento de Conflitos

Negociação [117]

Como em todos os projetos, os recursos são limitados, e a cada dia mais escassos, e a negociação torna-se ferramenta indispensável para montar a equipe que irá executar o seu projeto, principalmente, para conseguir a liberação dos integrantes da equipe que está sendo composta por outras áreas da empresa ou até de fornecedores.

Conhecer bem a comunicação não verbal (comunicação através de gestos, expressões faciais, linguagem corporal, aparência, entre outros) e o que cada sinal significa pode lhe ajudar a ter mais sucesso em suas negociações.

Por exemplo, as pessoas quando estão mentindo ou dissimulando podem apresentar alguns dos sintomas abaixo:

- Hesitar em responder uma questão;

- Ficar vermelho;

- Suar;

- Sorrir demasiadamente em tempos inadequados;

- Evitar olhar diretamente;

- Entre outros.

Abaixo mais algumas sugestões para facilitar sua negociação:

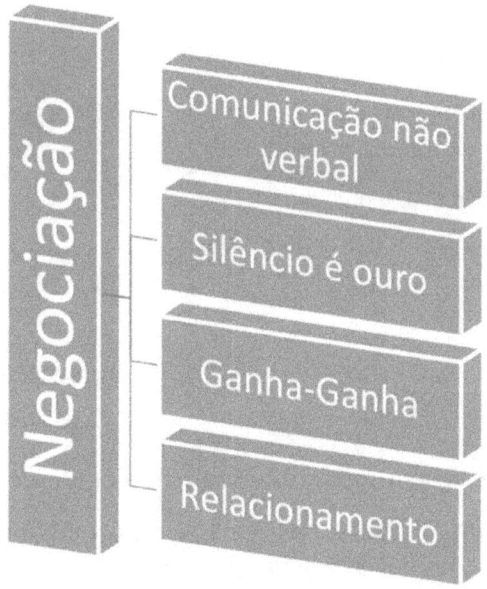

Figura 7.2 Técnicas de negociação

- Silêncio é ouro: busque escutar mais e entender os principais interesses do outro para facilitar a negociação. O seu conhecimento dos interesses do outro e o desconhecimento do outro deixam você em vantagem na negociação.

- Ganha-ganha: trocas benéficas para ambos os lados. Entenda os interesses dos demais e ajude-os quando puder; ceda o que lhe interessa menos e solicite o que lhe interessa mais.

- Mantenha um bom relacionamento com os gerentes responsáveis por recursos;

- Identifique os principais interesses e motivações desses gerentes, como métricas que compõe seu bónus, interesses pessoais, ...

- Identifique os recursos mais escassos da empresa e mantenha-se alinhado com eles;

- Faça o máximo para manter um bom relacionamento com todos na empresa.

A negociação é sempre facilitada quando você conhece os interesses e têm um bom relacionamento com a outra parte.

Ferramentas

São três as ferramentas citadas no Guia PMBOK para o processo Orientar e Gerenciar o trabalho do projeto:

- Opinião especializada
- Sistema de informações de gerenciamento de projetos
- Reuniões

Opinião Especializada

Especialista é alguém com vasta experiência onde você precisa de ajuda.

Contar com um especialista extremamente competente e que já passou por diversas situações que são novas para você, tem alto valor agregado e pode fazer uma grande diferença no seu projeto.

Você pode contar com nossos fóruns privados para compartilhar suas questões e contar com meu apoio e de outros especialistas de forma gratuita.

Sistema de informações de gerenciamento de projetos

Existem várias opções de Sistema de informações que podem lhe ajudar na execução do projeto.

O Sistema de gerenciamento das informações ideal pode ser desde uma solução simples e barata como um servidor de arquivos com planilhas, documentos e cronogramas, até uma solução robusta e complexa voltada para as corporações.

Selecionar o melhor sistema para gerenciar as informações em seus projetos depende de vários fatores, como:

- Infraestrutura atual: avaliar o que já existe na empresa de modo a economizar em custos de aquisição, implantação e até treinamento;

- Necessidade de informações: quais são os requisitos de comunicação das suas partes interessadas mais críticas;
- Esforço empreendido para tratá-las: qual é o tempo gasto para gerar, coletar, distribuir, armazenar e até descartar essas informações;
- Perdas relacionadas a informações geradas de forma errada ou com atraso: A falta da informação exata na hora certa pode gerar grandes perdas de difícil mensuração, como perda de um cliente, desgaste político, etc.

Busco sempre privilegiar a infraestrutura atual e adaptar a metodologia de gerenciamento de projetos às soluções já adquiridas. De forma resumida, integro o Microsoft Project, o Excel e o PowerPoint para gerar os Status Report de forma automática, além de distribuir as informações e atualizar as atividades de cada membro da equipe através da integração com o e-mail e o calendário do Google (Gmail) e da Microsoft (Outlook).

Os e-mails são enviados semanalmente para todos os responsáveis por qualquer atividade do projeto. O e-mail funciona como um lembrete e facilita a organização de cada integrante da equipe para atender o seu projeto.

Reuniões

Atualmente, os gerentes de projetos passam mais o seu tempo em reuniões do que em qualquer outro tipo de atividade.

Muitas vezes, em reuniões pouco produtivas que se perde muito tempo e pouco se resolve.

Abaixo algumas boas práticas para tornar sua reunião mais produtiva:

Prepare-se - Planejamento-Pré:

- Definir pauta (objetivos e tópicos a serem discutidos)
- Escolher participantes e convocá-los com a pauta
- Preparar a reunião (Informações necessárias)

Realização-Durante

- Esclarecer quem conduz, quem faz a ata, e critérios de tomada de decisão
- Registrar principais decisões, ações c/ responsável e prazo

- Determinar data da próxima reunião quando necessário

Acompanhamento-Pós

- Distribuir ata rapidamente
- Monitorar as ações e comunicar correções de desvios, progressos etc.

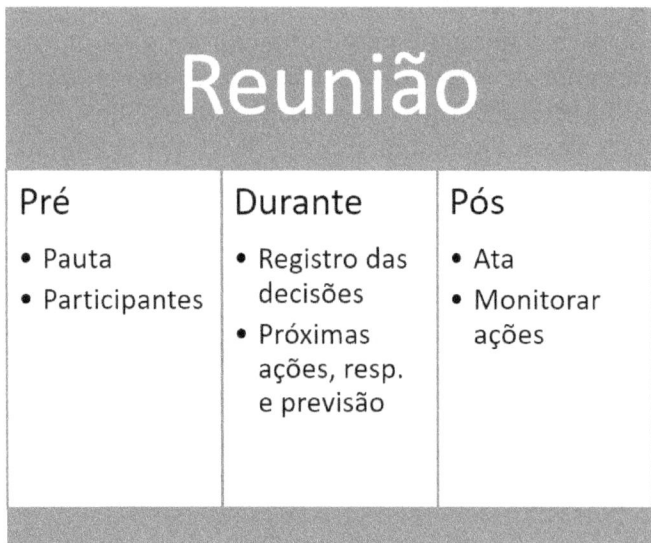

Figura 7.3 Boas práticas para reuniões

Outro tipo de reunião, também, mais frequente a cada dia que passa, é a conferência via vídeo e áudio. Abaixo, algumas dicas específicas:

- Deixe muito claro no convite os procedimentos e pré-requisitos
- Teste antes e solicite o mesmo para os participantes
- Certifique que os participantes possuem os pré-requisitos

Veja também

Templates/Modelos:

- Pauta de reuniao.docx
- Ata de reuniao.docx

Metodologia PMO: Gerenciar a comunicação

E finalmente, vamos aos fatores críticos de sucesso da Execução e os Processos do Guia PMBOK para complementar seu aprendizado.

Fatores críticos de sucesso

- Executar conforme definido no plano de projeto;

- Participação do cliente;

- Comprometimento dos membros da equipe com suas entregas e marcos;

- Gestão dos riscos e implementação das atividades de respostas aos riscos

Processos do Guia PMBOK®

Conheça abaixo os processos de Execução do Guia PMBOK® detalhados nos Livros das áreas de conhecimento dessa série. (PMI®, 2017 p. 556)

Tabela 7.1 Processos de Execução e suas áreas de conhecimento

Área de conhecimento	Processo de execução
Integração	Orientar e gerenciar o trabalho do projeto
	Gerenciar o conhecimento do projeto
Qualidade	Gerenciar a qualidade
Recursos	Adquirir recursos
	Desenvolver a equipe
	Gerenciar a equipe
Comunicações	Gerenciar as comunicações
Riscos	Implementar respostas aos riscos
Aquisições	Conduzir as aquisições
Partes interessadas	Gerenciar o engajamento das partes interessadas

Sua Vez de Participar – Execução

Abaixo resumo de cada passo com informações complementares para facilitar a aplicação do conhecimento adquirido e otimizar seu tempo.

Sua Vez de Participar 6 – Engajar as partes interessadas

O passo 6-Engajar as partes interessadas busca a cumplicidade da equipe do projeto e dos demais envolvidos para atender os objetivos do projeto, executar suas atividades e para adaptar-se caso ocorrer mudanças.

Checklist dos passos anteriores:

- Equipe do projeto definida.
- Diretório do projeto criado.
- Termo de Abertura criado e aprovado pela equipe do projeto.
- Fundamentos (Cap.1 a 4) entendidos.
- Capítulos 5 e 6 lidos e dúvidas esclarecidas no fórum.
- Escopo revisado com Declaração do Escopo, EAP e Dicionário da EAP criados.
- Riscos revisados, priorizados, tratados e documentados no Registro dos pontos de atenção.
- Cronograma e orçamento criado.
- Plano de projeto aprovado.

Preparação para você:

Diferente dos passos anteriores onde você envolveu a equipe e existiram encontros para executá-los. Agora, você executará os passos sozinho, envolvendo sua equipe nas ações que determinar conforme as necessidades do projeto.

- Garanta que o checklist acima está concluído.
- Leia o capítulo 7 até o passo 6 e inclua suas dúvidas no fórum do grupo do Livro.
- Como explicado no passo anterior (6-Revisar e aprovar o planejamento), você deve envolver as partes interessadas na revisão e na aprovação do planejamento. Elas se sentiram respeitadas e privilegiadas, e esse é uma excelente estratégia para reduzir resistência e aumentar o suporte das pessoas. Uma parte significativa dos projetos esquecem de envolver os responsáveis pela execução no planejamento causando resistência no momento da execução. Uma reclamação comum e que provavelmente você já

deve ter ouvido ou dito: "Quem estimou essas horas não conhece o meu trabalho, impossível eu executar essa atividade nesse prazo".

Tempo a ser reservado:

Agora já estamos na execução do projeto e o tempo será de acordo com as necessidades do seu projeto.

Ferramentas e técnicas usadas:

Use as estratégias para engajar as partes interessadas, principalmente sua equipe e adapte-as conforme o desempenho individual e da equipe e do resultado do seu projeto.

Seguem as principais estratégias para engajar a equipe testadas e validadas por mim em meus projetos e de meus clientes detalhadas (Volte ao capítulo 7 para ver os detalhes):

- Lidere pelo exemplo e construa sua credibilidade;
- Ofereça as condições necessárias e ressalte a importância do trabalho de cada um;
- Quem executa deve ser o mesmo que estima;
- Motive sua equipe com ações para integrá-los;
- Mostre que você se importa com eles;
- Conheça cada indivíduo da sua equipe;
- A única estratégia viável pode ser a troca do membro da equipe;
- Adapte, combine e crie suas próprias estratégias.

Lembre-se também dos erros comuns que se repetem em muitos projetos e evite as piores práticas (Volte ao capítulo 7 para ver os detalhes):

- Achar que incluir mais recursos vai "necessariamente" reduzir o prazo;
- Achar que o medo e a pressão resolvem;
- Não procurar identificar as causas dos problemas;
- Não importar com os interesses das partes interessadas.

Dicas importantes:

Algumas das estratégias usadas para engajar sua equipe podem ser usadas para as demais partes interessadas do projeto como seus clientes e patrocinadores. Avalie cada uma delas e defina qual será usada.

Importante também ressaltar que as estratégias podem ser mais efetivas com algumas pessoas do que com outras. Contudo, mais importante que adotá-las é monitorar o engajamento da sua equipe e das partes interessadas como um todo, ficar atento a qualquer sinal de resistência e adaptá-las sempre que for necessário.

Sua Vez de Participar 7- Orientar e Executar o que foi planejado

O passo 7-Orientar e Executar o que foi planejado tem como principal objetivo garantir que cada pessoa com atividades a serem executadas tenham a orientação necessária de como proceder, além da motivação e do comprometimento de executá-las no prazo combinado.

Checklist dos passos anteriores:

- Equipe do projeto definida.
- Diretório de projeto criado.
- Termo de Abertura criado e aprovado pela equipe do projeto.
- Fundamentos (Cap.1 a 4) entendidos.
- Capítulos 5 e 6 lidos e dúvidas esclarecidas no fórum.
- Escopo revisado com Declaração do Escopo, EAP e Dicionário da EAP criados.
- Riscos revisados, priorizados, tratados e documentados no Registro dos pontos de atenção.
- Cronograma e orçamento criado.
- Plano de projeto aprovado.
- Partes interessadas engajadas no projeto.

Preparação para você:

- Garanta que o checklist acima está concluído.
- Leia o capítulo 7 e inclua suas dúvidas no fórum do grupo do Livro.
- Desenvolva suas habilidades e prepare-se com as ferramentas adequadas conforme a necessidade do seu projeto.

Tempo a ser reservado:

Agora já estamos na execução do projeto e o tempo será de acordo com as necessidades do seu projeto.

Dicas importantes:

Baseado no cronograma (Passo 4), você deve coordenar os responsáveis para realizar o que foi planejado.

Na execução, começam a aparecer os primeiros desvios e a pressão e o pânico começam a surgir com maior frequência. Você deve usar suas ferramentas e habilidades de modo a manter a equipe motivada; lidar com os conflitos; agilizar as tomadas de decisão; identificar as causas de desvios e problemas; garantir os níveis de serviço contratados tanto da equipe interna quanto dos fornecedores; e principalmente, saber a dose certa de pressão.

E por esse motivo, você se preparou para esse momento (Passo 6).

Ferramentas e Habilidades usadas:

Desenvolva suas habilidades para liderar os projetos, principalmente, a Gestão de conflitos e a Negociação (Volte ao capítulo 7 para ver os detalhes).

Use as ferramentas conforme a necessidade do projeto (Volte ao capítulo 7 para ver os detalhes). Destaco principalmente para a execução:

- Opinião especializada

- Sistema de informações de gerenciamento de projetos

- Reuniões

Entradas: (Quais são os insumos importantes para cada passo?)

- O cronograma do seu projeto.

8 Grupo de Processos de Monitoramento e Controle

Você deve monitorar o desempenho do seu projeto de modo a identificar variações através da comparação do realizado com as linhas de base de prazo, custo e escopo salvas no planejamento.

Certifique-se que as entregas estejam em alinhamento com o escopo do projeto, defenda o escopo de mudanças e confirme o nível previsto da qualidade do trabalho executado.

Como o Monitoramento e a Execução sempre ocorrem de forma simultânea, os pré-requisitos a serem atendidos são os mesmos:

- Clara definição dos objetivos do projeto;
- Plano de projeto detalhado e aprovado;
- Linha de base aprovada e salva;
- Comprometimento da equipe em relação as entregas e seus marcos.

Passo 8 - Monitorar prazo e custo e Gerar Status Report

Esse passo engloba os seguintes processos do Guia PMBOK®:

- Monitorar e controlar o trabalho do projeto;
- Controlar o Cronograma;
- Controlar os custos;
- Monitorar o engajamento das partes interessadas.

E tem como principais objetivos:

- Determinar se existem desvios em relação a linha de base de prazo e custo;
- Influenciar os fatores que causam esses desvios;
- Gerenciar as mudanças quando ocorrerem;
- Solucionar as questões à medida que ocorrerem.

Ele é composto pelas seguintes atividades:

- Coletar as informações de desempenho das atividades.
- Atualizar o cronograma.
- Identificar as variações de prazo e custo e de suas causas.
- Atualizar os pontos de atenção.
- Gerar Status Report.

É muito importante monitorar e controlar o projeto, principalmente, para:

- Avaliar a saúde do seu projeto durante todo o projeto;

- Identificar áreas que exigem atenção especial;

- Recomendar ações para corrigir ou evitar os desvios;

- Garantir a qualidade (saúde) do projeto através do monitoramento, checklist e contingência prevista.

Ferramentas

Como na execução, a ferramenta de Sistema de informações de gerenciamento de projetos é de suma importância para o controle e monitoramento.

Na metodologia, usamos o Sistema de Informações para gerar o Status Report de forma automática.

Depois da execução das atividades do passo 8, a geração do Status Report, é praticamente automática. Feita, através de macros consolidando e integrando as informações do cronograma e dos registros dos pontos de atenção atualizados.

Além disso, como já havia citado na execução, enviamos um e-mail para cada responsável ressaltando as atividades em atraso.

Passo 9 - Controlar mudanças no escopo

Esse passo engloba os seguintes processos do Guia PMBOK®:

- Controlar o escopo

- Realizar o controle integrado de mudanças

A gestão do escopo do projeto tem como objetivo:

- Assegurar que o projeto inclua todo o trabalho requerido, **e somente o trabalho requerido**, para terminar o projeto com sucesso.

- Identificar todos os elementos que solicitam mudanças no escopo do projeto e influenciá-los para assegurar que as mudanças sejam benéficas;

- Planejar a execução das mudanças aprovadas atualizando os documentos necessários e alocando os recursos necessários.

Controlar mudanças no escopo é um dos processos mais importantes para garantir o sucesso do projeto e envolve as seguintes etapas:

- Solicitação de mudança;

- Revisão do impacto dos custos e benefícios gerados pela mudança;

- Aprovação;

- Replanejamento contemplando a mudança;

- Execução, controle e monitoramento da mudança;

- Encerramento da entrega ou resultado contemplando a mudança.

As mudanças são necessárias, principalmente, para atender as novas expectativas das partes interessadas, entretanto, é importante ressaltar que um dos grandes problemas na execução, é subestimar o impacto das mudanças para tentar "superar as expectativas do cliente".

Uma mudança de escopo impacta nos custos e prazos do projeto. O pedido de mudança deve ser encaminhado de acordo com o controle integrado de mudanças definido no plano de projeto.

Vale ressaltar que qualquer mudança gera custo e deve ser contabilizado no seu projeto. Lembre-se do ditado popular "não existe almoço grátis". Já vi vários projetos naufragarem porque o gerente de projeto não sabia dizer não para o cliente.

Além disso, a mudança de escopo impactará nos processos de planejamento e seus respectivos documentos. As mudanças do escopo serão comunicadas de forma clara à equipe do projeto pelo gerente de projeto.

Também é fundamental garantir que as mudanças aprovadas sejam benéficas ao projeto, i.e., seus benefícios são maiores do que os custos envolvidos e agregam valor aos objetivos do projeto.

Checklist para avaliar qualquer mudança solicitada

Assegurar que a mudança do escopo seja benéfica.

Avaliar o impacto da mudança de escopo.

Seguir o processo da aprovação definido no controle integrado de mudanças definido no plano de projeto.

Comunicar claramente a cada integrante do projeto as mudanças de escopo e as implicações nas atividades de sua responsabilidade;

Atualizar o plano de projeto e documentos auxiliares com as mudanças de escopo aprovadas.

E por fim, todas as mudanças devem ser documentadas no Registro das mudanças

Fatores críticos de sucesso

- Monitorar e controlar conforme definido no plano de projeto;
- Fazer o Status Report periodicamente conforme definido no plano de projeto;
- Quando mudanças forem solicitadas, seguir o processo de aprovação e caso aprovado, atualizar o planejamento e documentos afetados.
- Processo proativo de governança;
- Execução dos checkpoints especificados para validação das entregas;
- Documentação dos problemas identificados no Registro dos pontos de atenção.

Processos do Guia PMBOK®

Conheça abaixo os processos de Monitoramento e Controle do Guia PMBOK® detalhados nos Livros das áreas de conhecimento dessa série. (PMI®, 2013 p. 61)

Tabela 8.1 Processos de Monitoramento e Controle e suas áreas de conhecimento

Área de conhecimento	Processo de monitoramento e controle
Integração	Monitorar e controlar o trabalho do projeto
	Realizar o controle integrado de mudanças
Escopo	Validar o escopo
	Controlar o escopo
Cronograma	Controlar o Cronograma
Custos	Controlar os custos
Qualidade	Controlar a qualidade
Recursos	Controlar os Recursos
Comunicações	Monitorar as comunicações
Riscos	Monitorar os riscos
Aquisições	Controlar as aquisições
Partes interessadas	Monitorar o engajamento das partes interessadas

Sua Vez de Participar – Monitoramento e Controle

Abaixo resumo de cada passo com informações complementares para facilitar a aplicação do conhecimento adquirido e otimizar seu tempo.

Sua Vez de Participar 8-Monitorar prazo e custo e Gerar Status Report

O passo 8-Monitorar prazo e custo e Gerar Status Report tem como principal objetivo comparar o real com o planejado, antecipar aos desvios e informar aos envolvidos.

Checklist dos passos anteriores:

- Equipe do projeto definida.
- Diretório do projeto criado.
- Termo de Abertura criado e aprovado pela equipe do projeto.
- Fundamentos (Cap.1 a 4) entendidos.
- Capítulos 5, 6 e 7 lidos e dúvidas esclarecidas no fórum.
- Escopo revisado com Declaração do Escopo, EAP e Dicionário da EAP criados.
- Riscos revisados, priorizados, tratados e documentados no Registro dos pontos de atenção.

- Cronograma e orçamento criado.
- Plano de projeto aprovado.
- Partes interessadas engajadas no projeto.
- Equipe engajada e com as condições necessárias para executar as atividades do projeto.

Preparação para você:

- Garanta que o checklist acima está concluído.
- Leia o capítulo 8 do Livro Introdução ao Gerenciamento de Projetos até o passo 8 e inclua suas dúvidas no fórum do grupo do Livro.
- Defina qual Sistema de informações de gerenciamento de projetos você usará.

Tempo a ser reservado:

Agora já estamos no controle e monitoramento do projeto e o tempo será de acordo com as necessidades do seu projeto.

Esse é um passo que deve ser recorrente para garantir a evolução do projeto conforme planejado e adaptar as mudanças e as estimativas imprecisas.

De forma geral, recomendo monitorar o prazo pelo menos uma vez por semana, e gerar o Status Report de forma periódica conforme necessidade do projeto e das partes interessadas informadas (Semanal, a cada 14 dias, mensal ou bimestral).

A periodicidade de monitorar o orçamento também dependerá da necessidade de cada projeto. Recomendo que seja simultaneamente com o monitoramento do prazo ou com a geração do Status Report. Existem projetos com orçamento muito pequeno e com menor relevância.

Ferramentas e técnicas usadas:

O Sistema de informações de gerenciamento de projetos é fundamental para você fazer seu monitoramento de forma adequada. Monitorar prazo e custo e gerar Status Report sem ter um processo automatizado por trás não é nada inteligente, demandará mais tempo do que necessário, pode gerar informações imprecisas e consequentemente gerar incertezas e conflitos no projeto.

A Opinião Especializada é indicada para ajudar na implantação do processo automático, podendo ser reduzida ou até dispensada pós implantação conforme necessidade do projeto.

Entradas: (Quais são os insumos importantes para cada passo?)

Documentos criados nos passos anteriores e armazenados na pasta (02-Planejamento) do projeto conforme explicado no passo 1-Desenvolver o termo de abertura do projeto:

- Cronograma e orçamentos (criados no Passo 4: Criar cronograma e orçamento) são atualizados periodicamente nesse passo.
- Registro dos pontos de atenção (criado no passo 3-Analisar os riscos) são atualizados periodicamente nesse passo.

Exemplos de Projetos:

- StatusReport do Ciclo PDCA do Edu
- StatusReport do Curso Gratuito de Gestão de Projetos

Templates/Modelos:

- Status Report.pptx
- Status Report.docx

Dicas importantes e Passo a Passo do Passo 8:

Monitorar o prazo

- Use o cronograma para atualizar as atividades realizadas e verificar se o trabalho executado corresponde a Linha de base do cronograma.
- Se você usou o Microsoft Project e o Cronograma do Projeto.mpp como modelo para seu cronograma (conforme Passo 4: Criar cronograma e orçamento), siga os passos a seguir:
- Abrir o Cronograma do projeto (.MPP - Documento do Microsoft Project) no diretório 02-Planejamento do diretório do projeto
- Na coluna Status, usar o Filtro = ("Late" se for inglês e "Atrasada" se for português) para identificar atividades que estão atrasadas e verificar se elas já foram concluídas
- Atualizar o % de conclusão de todas as atividades
- Para as atividades que não estão no prazo, atualizar o status usando os ícones de 25% 50% 75% mostrados na figura acima.

- Quando necessário, fazer os ajustes de duração da atividade ou da data de início.
- Veja as imagens e detalhes em Atualizar Cronograma.

Monitorar os custos

- Para monitorar os custos, pode ser usado o próprio Microsoft Project, necessário conhecimento avançados do software ou ajuda de um especialista, ou usar a planilha Previsões do Orçamento.xlsx.

Atualizar os pontos de atenção (problemas) do projeto

- Abrir a planilha Registro dos pontos de atenção.xlsx no diretório 02-Planejamento do projeto.
- Incluir novos problemas e atualizar os existentes.
- Selecionar as questões que serão reportadas no Status Report
  - 1: a ser apresentada somente no Status Report individual (limitado a 7 questões);
  - 2: a ser apresentado no SR individual e no SR consolidado (limitado a 3 questões)
  - Poderá ser reportado no máximo 10 questões por Status Report.
- Atualizar as ações de cada questão.
- Quando existir mais de uma ação para uma questão, registrar na Aba Ação.
  - Fundamental registrar todo histórico das ações para cada questão para aprendermos para novos projetos, mas, principalmente, para comunicarmos sempre que for necessário e deixarmos todos na mesma página.
- Os pontos de atenção quando não documentados e monitorados de forma adequada são causas de conflito e desgaste entre a equipe.
- Se um projeto tiver mais de 3 questões em dois Status Report consecutivos, é um indício que ele está sendo mal gerenciado.
- Agilize as questões do seu projeto e trabalhe de forma preventiva para evitar qualquer tipo de problema no seu projeto.
- Tenha como meta não ter nenhuma questão no seu Status Report.
- Quando existirem questões a serem reportadas, identifique alternativas e envolva as pessoas necessárias para a tomada de decisão.

Gerar o Status Report

Se você se associar à Escritório de Projetos, terá seu Status Report gerado depois que fez as atualizações acima.

Caso contrário, escolha algum dos templates/modelos apresentados e gere seu Status Report. Busque automatizar o máximo o processo de geração do Status Report.

Sua Vez de Participar 9-Controlar mudanças no escopo

O passo 9-Controlar mudanças no escopo tem como principal objetivo aprovar somente mudanças que agreguem valor ao projeto.

Checklist dos passos anteriores:

- Equipe do projeto definida.
- Diretório do projeto criado.
- Termo de Abertura criado e aprovado pela equipe do projeto.
- Fundamentos (Cap.1 a 4) entendidos.
- Capítulos 5, 6 e 7 lidos e dúvidas esclarecidas no fórum.
- Escopo revisado com Declaração do Escopo, EAP e Dicionário da EAP criados.
- Riscos revisados, priorizados, tratados e documentados no Registro dos pontos de atenção.
- Cronograma e orçamento criado.
- Plano de projeto aprovado.
- Partes interessadas engajadas no projeto.
- Equipe engajada e com as condições necessárias para executar as atividades do projeto.
- Status Report gerado e partes interessadas informadas sobre o projeto.

Preparação para você:

- Garanta que o checklist acima está concluído.
- Leia o capítulo 8 do Livro Introdução ao Gerenciamento de Projetos e inclua suas dúvidas no fórum do grupo do Livro.

Tempo a ser reservado:

Agora já estamos no controle e monitoramento do projeto e o tempo será de acordo com as necessidades do seu projeto.

Esse é um passo que ocorre somente se mudanças forem solicitadas e que deve seguir o fluxo determinado no passo 5-Revisar e aprovar o planejamento. O fluxo envolvendo todo o ciclo da mudança (solicitação, avaliação, aprovação ou rejeição, priorização, acompanhamento) deve ser definido no planejamento para evitar surpresas no monitoramento.

Para projetos em organizações onde implanto Escritórios de Projetos, recomendo a criação de um comitê de projetos, responsável pela aprovação das mudanças solicitadas de todos os projetos.

Para projetos menores, a aprovação pode ser feita pelo patrocinador do projeto e/ou pelo seu cliente, com a avaliação do impacto (custos e prazos) feita previamente pelo líder do projeto.

Ferramentas e técnicas usadas:

A Opinião Especializada é indicada para determinar o fluxo do controle integrado de mudanças e também na moderação dos comitês de mudanças caso existam.

Ferramentas de controle de mudanças podem automatizar integral ou parcialmente o processo de controle integrado de mudanças.

Técnicas de Análise de dados ajudam na avaliação do impacto das mudanças e a estimar os custos e prazos associados.

As técnicas de Tomada de decisão suportam a aprovação ou rejeição da mudança.

Entradas: (Quais são os insumos importantes para cada passo?)
- Mudanças solicitadas.

Exemplos de Projetos:
- Registro das solicitações de mudanças - Reforma.xlsx

Templates/Modelos:
- Registro das solicitações de mudancas.xlsx
- Solicitação de mudanca.docx

Dicas importantes:

As mudanças são necessárias, principalmente, para atender as novas expectativas das partes interessadas. Toda mudança de escopo impacta nos custos e prazos do projeto. Lembre-se do ditado popular "não existe almoço grátis". Já vi vários projetos naufragarem porque o gerente de projeto não sabia dizer não para o cliente.

Também é fundamental garantir que as mudanças aprovadas sejam benéficas ao projeto, i.e., seus benefícios são maiores do que os custos envolvidos e agregam valor aos objetivos do projeto.

9   Grupo de Processos de Encerramento

Segundo o Guia PMBOK®, encerrar um projeto ou uma fase é o processo de finalização de todas as atividades, de todos os grupos de processos de gerenciamento do projeto, para encerrar formalmente o projeto ou a fase.

O processo de encerramento envolve várias atividades como terminar a aceitação final das entregas, validar se os objetivos do projeto foram alcançados, encaminhar pendências caso elas existem, fechar as contas do projeto, arquivar a documentação necessária, atribuir a equipe a novos projetos, definir e comunicar os responsáveis pela manutenção do produto ou serviço criado, além de celebrar as vitórias e compartilhar as dificuldades do projeto documentando as lições aprendidas.

Passo 10 - Encerrar o projeto ou fase

Antes de iniciarmos o nosso último passo para finalizar o projeto, é necessário verificar se seus pré-requisitos foram atendidos:

- Critérios de aceitação pré-definidos;
- Processo de aceitação final pré-definido.

Os critérios de aceitação e como verificá-los devem ser definidos no planejamento do projeto, Passo 5 - Revisar e aprovar o planejamento.

O encerramento do projeto ou de uma fase engloba os seguintes processos do Guia PMBOK®:

- Validar o escopo: comparar o produto entregue com os requisitos e as especificações da linha de base e;
- Encerrar o projeto ou fase.

Validar o Escopo

Em primeiro lugar, é necessário verificar se os produtos e serviços entregues estão em conformidade com os requisitos definidos no planejamento e obter uma aprovação formal do cliente indicando que o projeto está concluído e que todos os requisitos do cliente e especificações do produto, serviço ou resultado foram atendidos.

Quando existir algum item de ação aberto, este deve ser oficialmente fechado ou atribuído à operação do dia-a-dia.

Para formalizar a aceitação de uma ou mais entregas, use o template Termo de Aceite da Entrega.docx e adapte-o conforme sua necessidade.

Preparar a transição do projeto para a operação

Com a aceitação final do cliente através da sua assinatura no termo de aceite da entrega, é necessário preparar-se para a transição do projeto para a operação.

Desta forma, você deve providenciar toda documentação e treinamento necessários para não deixar dúvidas sobre os produtos e serviços sendo transferidos para a operação.

Use o template Transição do produto.docx como referência para avaliar os principais pontos a serem considerados e planejados para garantir uma transição para operação com o menor número de ocorrências possíveis e adapte-o conforme sua necessidade.

Abaixo principais tópicos do formulário Transição do produto.docx para usar como referência para a transição do seu projeto para a operação.

Objetivos deste documento

[Descreva o motivo pelo qual esse documento será usado]
Descrever os procedimentos e as informações necessárias para que a transição do produto para operação ocorra da melhor forma possível.

Período de Transição

[Identifique qual será o período de transição. Data de início e término e seus principais marcos.]

Procedimentos adotados para a Transição

[Descreva os procedimentos adotados, como serão tratados os erros em operação (responsabilidades, ...)]

Treinamento

[Descreva como será feita a transferência de conhecimento, como a equipe de operação será capacitada, quais foram as documentações criadas (manuais, guias, ...)]

Equipe responsável pelo projeto

[Relacione os responsáveis pelo projeto, suas principais funções e seus dados de contato]

Equipe responsável pela operação

[Relacione os responsáveis pela operação, suas principais funções e seus dados de contato]

Pontos em aberto

[Relacione os pontos em aberto que serão tratados pela equipe da operação]

Recomendações a serem adotadas em operação

[Indique as recomendações e as lições aprendidas mais relevantes que podem auxiliar a equipe da operação]

Com o escopo validado e a transição encaminhada, é hora de falarmos das lições aprendidas do projeto.

Lições Aprendidas

Falar de Lições Aprendidas é falar de qualidade e de melhoria contínua. As lições aprendidas é a base para alcançarmos a perfeição ou o nível de excelência desejado, é o alicerce para o aperfeiçoamento contínuo. Só podemos ser melhores se aprendemos com nossos erros e nossos acertos. Eu faço e registro as Lições aprendidas em todos os meus projetos e me torno uma pessoa melhor a cada novo projeto.

As lições aprendidas podem ser informais ou formais, documentadas ou apenas discutidas, feitas em grupo ou até individualmente, em uma reunião ou informalmente em um happy-hour ou no café.

Ainda muito pouco usadas nas organizações, principalmente, pela falta de tempo e ainda baixa preocupação em documentar o aprendizado.

Caso sua organização não tenha esse excelente hábito, sugiro adotá-lo mesmo que faça o registro das lições aprendidas com poucos colegas ou até sozinho.

Importante é garantir que você aprende com cada projeto e tornar-se uma pessoa melhor.

As lições aprendidas no projeto têm como objetivo principal evitar que os erros e os problemas encontrados não se repitam em futuros projetos, além de servir de base para o aperfeiçoamento contínuo da metodologia de Gerenciamento de Projetos.

Use o template Lições Aprendidas.docx[118] como referência e adapte-o conforme sua necessidade.

Abaixo principais tópicos do formulário Lições Aprendidas.docx para usar como referência.

Objetivos deste documento

Documentar as Lições aprendidas de modo a aperfeiçoar os processos e evitar que os erros e problemas encontrados se repitam em futuros projetos.

Planejado X Realizado

Os objetivos foram atingidos?

Projeto foi entregue dentro do prazo?

No orçamento?

Atendeu o escopo?

Processos de gerenciamento de projetos

Pontos fortes

Pontos fracos

Questões do Projeto

[Identificar as questões mais relevantes como base no Issues Log do projeto. Saiba mais em Registro das questões]

Recomendações a serem adotadas para os próximos projetos

[Indique as recomendações e as lições aprendidas mais relevantes]

Veja também

Exemplos de Projetos:

- Lições Aprendidas do Sistema GED
- Lições Aprendidas da implantação do PMO

Lições aprendidas dos gerentes de projetos da comunidade

Outras atividades de encerramento

Além das atividades já descritas, considere ainda:

- Gerar relatórios adicionais de encerramento como o Relatório de encerramento do contrato.docx[119] caso você tem contratado algum fornecedor;

- Migrar os recursos alocados no projeto para novos projetos ou para a operação.

Fatores críticos de sucesso

- Aceitação do usuário final;
- Objetivos do negócio e benefícios antecipados são alcançados;
- Objetivos do projeto alcançados;
- Transição do projeto para operação bem documentada e equipe de operação bem treinada.

Processos do Guia PMBOK®

Conheça abaixo os processos de Encerramento do Guia PMBOK® detalhados nos Livros das áreas de conhecimento dessa série. (PMI®, 2017 p. 556)

Tabela 9.1 Processos de Encerramento e suas áreas de conhecimento

Área de conhecimento	Processo de encerramento
Integração	Encerrar o projeto ou fase

Sua Vez de Participar – Encerramento

Abaixo resumo de cada passo com informações complementares para facilitar a aplicação do conhecimento adquirido e otimizar seu tempo.

Sua Vez de Participar 10-Encerrar o projeto ou fase

O passo 10-Encerrar o projeto ou fase envolve validar o escopo, preparar a transição do projeto para a operação e gerar as lições aprendidas.

Checklist dos passos anteriores:

- Equipe do projeto definida.
- Diretório do projeto criado.

- Termo de Abertura criado e aprovado pela equipe do projeto.
- Fundamentos (Cap.1 a 4) entendidos e dúvidas esclarecidas no fórum.
- Capítulos 5, 6, 7 e 8 lidos e dúvidas esclarecidas no fórum.
- Escopo revisado com Declaração do Escopo, EAP e Dicionário da EAP criados.
- Riscos revisados, priorizados, tratados e documentados no Registro dos pontos de atenção.
- Cronograma e orçamento criado.
- Plano de projeto aprovado.
- Partes interessadas engajadas no projeto.
- Equipe engajada e com as condições necessárias para executar as atividades do projeto.
- Status Report gerado e partes interessadas informadas sobre o projeto.
- Mudanças solicitadas avaliadas, aprovadas ou rejeitadas e priorizadas.

Preparação para você:

- Garanta que o checklist acima está concluído.
- Leia o capítulo 9 do Livro Introdução ao Gerenciamento de Projetos e inclua suas dúvidas no fórum do grupo do Livro.

Tempo a ser reservado:

Reserve pelo menos duas horas para encerrar o projeto ou a fase.

Esse trabalho poderá dispender mais de uma reunião conforme a complexidade do seu projeto ou da sua fase.

Ferramentas e técnicas usadas:

A Opinião Especializada é indicada para validar o escopo através de uma revisão de qualidade e implantar o processo de lições aprendidas disseminando a melhoria contínua na organização.

Técnicas de Análise de dados:

- Análise de documento é indicada para validar o escopo verificando a conformidade dos requisitos através dos documentos gerados no projeto.
- Análises de tendências e a Análise de variação são indicadas para entender as variações do projeto e são muitos úteis na geração das lições aprendidas de modo a evitar que as variações ocorram nos futuros projetos.

Entradas: (Quais são os insumos importantes para cada passo?)

Para gerar as lições aprendidas:

- Registro dos pontos de atenção.

Exemplos de Projetos:

- Lições aprendidas do Ciclo PDCA do Edu
- Lições Aprendidas do Sistema GED
- Lições Aprendidas da implantação do PMO

Templates/Modelos:

- Transição do produto.docx
- Lições Aprendidas.docx
- Termo de Aceite da Entrega.docx

Dicas importantes e Passo a Passo do Passo 10:

Validar o escopo

Em primeiro lugar, é necessário verificar se os produtos e serviços entregues estão em conformidade com os requisitos definidos no planejamento e obter uma aprovação formal do cliente indicando que o projeto está concluído e que todos os requisitos do cliente e especificações do produto, serviço ou resultado foram atendidos.

Quando existir algum item de ação aberto, este deve ser oficialmente fechado ou atribuído à operação do dia-a-dia.

Preparar a transição do projeto para a operação

Ocorrerá somente quando existir uma transição para a operação contínua da organização. Normalmente, no final do projeto e não de uma fase.

Com a aceitação final do cliente através da sua assinatura no termo de aceite da entrega, é necessário preparar-se para a transição do projeto para a operação.

Desta forma, você deve providenciar toda documentação e treinamento necessários para não deixar dúvidas sobre os produtos e serviços sendo transferidos para a operação.

Use o template Transição do produto.docx como referência para avaliar os principais pontos a serem considerados e planejados para garantir uma transição para operação com o menor número de ocorrências possíveis e adapte-o conforme sua necessidade.

Gerar as lições aprendidas

Falar de Lições Aprendidas é falar de qualidade e de melhoria contínua. As lições aprendidas é a base para alcançarmos a perfeição ou o nível de excelência desejado, é o alicerce para o aperfeiçoamento contínuo. Só podemos ser melhores se aprendemos com nossos erros e nossos acertos.

10 Conclusão

Como eu disse na Introdução, a melhor estratégia para levar você a alcançar seus objetivos da forma mais rápida, com o menor esforço e com os melhores resultados é o **uso das melhores práticas em busca da melhoria contínua**. Contudo, reforcei também que implementá-la com êxito demandará muitas horas de estudo, dedicação e prática.

Recapitulando os 10 passos

Se você chegou aqui e seguiu minhas recomendações para praticar, deve ter encerrado seu projeto e pôde conhecer e aplicar as melhores práticas e as soluções apresentadas que usei e aperfeiçoei gerenciando meus projetos. Recordando, você deve ter seguidos os 10 passos para ter sucesso no seu projeto usando os templates da Metodologia PMO.

Tabela 10.1 10 passos para gerenciar seus projetos com sucesso

Cap.	Passo	Templates da Metodologia PMO
5	1 - Desenvolver o Termo de Abertura	Termo de Abertura 5W2H
6	2 - Definir o escopo	Declaração do escopo do projeto
		Dicionário da EAP com requisitos
		Dicionário da EAP - Complementar a Planilha
	3 - Analisar os riscos	Registro dos pontos de atenção
	4 - Criar cronograma e orçamento	Cronograma do Projeto
	5 - Revisar e aprovar o planejamento	Plano de gerenciamento do projeto
7	6 - Engajar as partes interessadas	
	7 - Orientar e Executar o que foi planejado	
8	8 - Monitorar prazo e custo e Gerar Status Report	Status Report
	9 - Controlar Mudanças no Escopo	Registro das solicitações de mudanças
9	10 - Encerrar o projeto ou fase	Lições aprendidas

Você deve estar se sentindo mais preparado agora, mas, lhe garanto que existem muitas oportunidades de melhoria. A partir de agora, você deve fazer do Ciclo PDCA uma filosofia de vida e incluí-lo em seus projetos e no seu dia-a-dia e sempre revisar os passos sugeridos e adaptá-los à sua necessidade. Use as melhores práticas apresentadas buscando sempre seu aperfeiçoamento contínuo.

Seguem algumas práticas a serem adotadas para tirar o melhor proveito do Ciclo PDCA.

P: Plan - Planeje - Prepare-se

- Estude e busque sempre formas (práticas) mais inteligentes para adotar em seus projetos;

- Estude os links incluídos e os Recursos adicionais do livro para identificar novas práticas e para adotá-las em seus projetos;

- Continue seus estudos através da série de livros da Escritório de Projetos (Você terá mais 10 livros para aperfeiçoar seus conhecimentos);

- Acompanhe a https://escritoriodeprojetos.com.br para obter o melhor conteúdo de gerenciamento de projetos, conhecer as últimas soluções criadas ou aperfeiçoadas, melhores práticas, artigos, etc.

D: Do - Execute o que foi planejado

- A prática leva a perfeição: um planejamento sem uma boa execução não te levará a lugar algum;

- Adote melhores práticas identificadas;

- Arrisque-se com critérios.

C: Check - Cheque - Monitore

- Monitore: identifique os desvios em relação ao planejado e entenda as causas;

- Entenda que as mudanças são inevitáveis e que você deve agir sempre que necessário (A: Act).

A: Act - Tome as ações necessárias

- Tome as ações necessárias de forma rápida e precisa;
- Ações corretivas para resolver o problema;
- Ações preventivas para evitar que o problema ocorra novamente.

E finalmente, quero convidar você a participar do nosso Programa de melhoria continua[120] que é composto de projetos e iniciativas com o intuito de aperfeiçoar nossas soluções para ajudar você, nossos clientes e usuários a terem sucesso em seus projetos.

LEMBRE-SE!!!

Sua participação é fundamental para torná-las cada dia melhores para você.

- Critique tudo que não estiver no nível de excelência esperado;
- Curta, compartilhe e dê seus depoimentos em tudo o que gostar;
- Tire suas dúvidas através dos nossos fóruns;
- Sugira novas seções, dê sua opinião.

Quanto mais você participa, mais você ganha[121].

Aguardo seu feedback e não hesite em me contatar para eu lhe ajudar em seus projetos.

Eduardo Montes, PMP
eduardo@escritoriodeprojetos.com.br
Seu feedback é crucial para me ajudar a ajudar você.

11 Recursos adicionais

Processos do Guia PMBOK® por grupo de processo e Área de Conhecimento

Figura 11.1 Grupos de Processos de Gerenciamento de Projetos

Abaixo todos os processos de gerenciamento de projetos do Guia PMBOK Sexta Edição agrupados por área de conhecimento e grupos de processos (PMI®, 2017 p. 556).

Para enfatizar os 2 processos de iniciação e um de encerramento de 49 processos do total e também para facilitar a visualização via Kindle, disponibilizei uma tabela com os dois grupos de processo e outra com os demais.

Vale ressaltar também que Iniciação e Encerramento são os grupos de processos que não tem uma relação direta com o Ciclo PDCA da melhoria contínua.

Tabela 11.1 Processos Guia PMBOK 6ª Ed. p/área de conhecimento e grupo de processo (Iniciação e Encerramento)

Áreas	Iniciação	Encerramento
Integração	Desenvolver o termo de abertura do projeto	Encerrar o projeto ou fase
Stakeholders	Identificar as partes interessadas	

Agora a tabela com os Grupos de Processos com relação direta com o Ciclo PDCA.

- P: Plan: Planejamento;
- D: Do: Execução;
- C: Check & A: Act: Monitoramento e Controle.

Tabela 11.2 Processos Guia PMBOK 6ª Ed. p/área de conhecimento e grupo de processo (Planejamento, Execução e Controle)

Áreas	Planejamento	Execução	Monitoram. e controle
INT	Desenvolver o plano de gerenciamento do projeto	Orientar e gerenciar o trabalho do projeto Gerenciar o conhecimento do projeto	Monitorar e controlar o trabalho do projeto Realizar o controle integrado de mudanças
ESC	Planejar o gerenciamento do escopo Coletar os requisitos Definir o escopo Criar a EAP		Validar o escopo Controlar o escopo
CRO	Planejar o gerenciamento do cronograma Definir as Atividades Sequenciar as Atividades Estimar as durações das atividades Desenvolver o		Controlar o cronograma

	Cronograma		
CUS	Planejar o gerenciamento dos custos Estimar os custos Determinar o orçamento		Controlar os custos
QUA	Planejar o gerenciamento da qualidade	Gerenciar a qualidade	Controlar a qualidade
REC	Planejar o gerenciamento dos recursos Estimar os recursos das atividades	Adquirir recursos Desenvolver a equipe Gerenciar a equipe	Controlar os Recursos
COM	Planejar o gerenciamento das comunicações	Gerenciar as comunicações	Monitorar as comunicações
RIS	Planejar o gerenciamento dos riscos Identificar os riscos Realizar a análise qualitativa Realizar a análise quantitativa Planejar as respostas aos riscos	Implementar respostas aos riscos	Monitorar os riscos
AQU	Planejar o gerenciamento das aquisições	Conduzir as aquisições	Controlar as aquisições
PI	Planejar o engajamento das partes interessadas	Gerenciar o engajamento das partes interessadas	Monitorar o engajamento das partes interessadas

Recursos complementares para ajudar no seu estudo

https://escritoriodeprojetos.com.br/guia-de-gerenciamento-de-projetos

https://escritoriodeprojetos.com.br/glossario-de-gerenciamento-de-projetos

https://escritoriodeprojetos.com.br/introducao-ao-gerenciamento-de-projetos

https://escritoriodeprojetos.com.br/fundamentos-de-gerenciamento-de-projetos

https://escritoriodeprojetos.com.br/grupos-de-processos-de-gerenciamento-de-projetos

Hyperlinks dos documentos p/seu Projeto Qualidade de Vida

Grupo de Processo (*)	Template	Projeto Qualidade de Vida
Iniciação	Termo de Abertura 5W2H[122]	Termo de Abertura do Projeto v5W2H[123]
Planejamento	Declaração do escopo do projeto	Declaração do escopo do projeto[124]
	Dicionário da EAP com requisitos	Dicionário do Projeto Qualidade de Vida[125]
	Dicionário da EAP - Complementar a Planilha	Dicionário da EAP - Complementar a Planilha[126]
	Cronograma do Projeto	Projeto Qualidade de Vida[127]
	Registro dos pontos de atenção	Registro dos pontos de atenção[128]
Monitoramento E Controle	Status Report	StatusReport.Ciclo PDCA do Edu[129]
Encerramento	Lições aprendidas	Lições Aprendidas[130]

Termo de Abertura 5W2H do Projeto Qualidade de Vida

Objetivo

Autorizar o início do projeto, atribuir principais responsáveis e documentar requisitos iniciais, principais entregas, premissas e restrições.

Why? Por que?

Justificativa do projeto

[Orientação: Passado, onde está hoje. Descreva a situação atual que motivou a realização do projeto.

A justificativa normalmente é algo negativo. O projeto será feito para tornar essa situação negativa em algo melhor.]

Segundo a OMS, Qualidade de vida é a percepção do indivíduo de sua posição na vida, no contexto da cultura e sistemas de valores nos quais ele vive, e em relação aos seus objetivos, expectativas, padrões e preocupações.

Você trabalha atualmente em uma empresa e considera que poderia usar seus esforços de forma mais inteligente de modo a ter uma melhor qualidade de vida, principalmente resolver os seguintes problemas atuais:

- Sobrando mês no meu salário;
- Faltando horas no meu sono;
- Faltando saúde e preparo físico.

Objetivos SMART

[Orientação: Descreva os Objetivos SMART do projeto.

SMART: Specific: Específico, Measurable: Indicador e meta, Assignable: Quem, Realistic: realístico, Time-related: Quando]

O projeto será considerado um sucesso se atender a todos os critérios de aceitação das entregas, respeitar as restrições e cumprir o cronograma de execução e principalmente atender os objetivos abaixo:

- Aumento de 20% na renda anual até 2018;
- Aumento de 10% na produtividade até 06/2018;
- IMC de peso normal até 01/2018 baseado na avaliação de especialista.

What? O que?

Produtos, Serviços ou Resultados esperados

[Orientação: Para cada objetivo SMART, defina os produtos, serviços ou resultados necessários para atendê-lo.]

Abaixo os produtos a serem entregues pelo projeto de modo a atender os objetivos SMART:

- Promoção;
- Corte nos gastos mensais;
- Corte de horas improdutivas;
- Redução das ocorrências;
- Maior eficiência;
- Preparo físico;
- Reeducação alimentar.

Requisitos

[Orientação: Para cada produto, serviço ou resultado, defina os requisitos necessários (características solicitadas pela parte interessada – cliente).

Documente os principais requisitos dos produtos a serem atendidos identificados no tópico acima.]

- Promoção
  - o   As iniciativas devem ser validadas por um Mentor;
- Cortes dos gastos mensais
  - o   Obter consenso entre a família;

- Preparo Físico
  - Esporte deve ser prazeroso;
  - Deve ser monitorado pelo especialista (médico);
- Reeducação alimentar
  - Alimentação deve ser saudável e monitorada por especialista.

Who? Quem?

Partes interessadas do projeto

[Orientação: Defina as principais partes interessadas do projeto. Agrupando-as em partes interessadas externas & equipe.

Partes interessadas externas são todas as pessoas, organizações e fatores externos que podem impactar o projeto e não fazem parte da equipe.

Importante identificar as partes interessadas resistentes que apresentam uma ameaça (risco) ao projeto e desenvolver estratégias para reduzir sua resistência (Seção Risco).

Equipe são todas as pessoas (funcionários ou não) que produzem alguma entrega no projeto.

Importante checar se todas as entregas produzidas pelo projeto serão produzidas por alguém da equipe.]

Partes interessadas externas

- Família
- Chefe
- Colegas de trabalho

Equipe

- Você
- Nutricionista
- Mentor

- Especialistas (médico, dentista)
- Nutricionista

How? Como?

Premissas

[Orientação: Relacione as premissas do projeto, ou seja, fatores considerados verdadeiros sem prova para fins de planejamento.

Quando uma premissa está fora do seu controle, isto é, pode ser falsa, ela é uma ameaça (risco) ao projeto e deve ser tratada e relacionada na seção riscos.

Ex.: Disponibilidade de 50% do tempo do cliente durante os testes.]

- Seus colegas de trabalho terão desempenho um pouco acima da média;
- Seu chefe reconhecerá seu desempenho superior aos seus colegas.

Estrutura Analítica do Projeto

[Orientação: Inclua a Estrutura Analítica do Projeto (EAP) com suas principais entregas.]

1. Projeto Promoção na sua empresa
   1.1. Avaliação do mentor
   1.2. Plano de ação
   1.3. Execução e monitoramento do plano de ação
2. Corte   nos   gastos   mensais   [Ref. http://escritoriodeprojetos.com.br/como-reduzir-despesas-aumentando-qualidade-de-vida]
   2.1. Avaliação dos gastos mensais
   2.2. Priorização dos cortes
   2.3. Aprovação dos cortes priorizados
   2.4. Negociação com os fornecedores

2.5. Mensuração dos ganhos
2.6. Confirmação das negociações
3. Corte nas horas improdutivas
   3.1. Medição das atividades feitas durante uma semana
   3.2. Avaliação das horas improdutivas
   3.3. Plano de ação
   3.4. Execução e monitoramento do plano
4. Projeto Redução de ocorrências
5. Projeto vida saudável

Restrições

[Orientação: Relacione as restrições do projeto, ou seja, limitação aplicável ao projeto, a qual afetará seu desempenho. Limitações reais: orçamento, recursos, tempo de alocação, ... Ex.: Orçamento de R$1.500.000,00]

- Reserva financeira de R$5.000,00;
- Mentor disponível somente 30 minutos às 6as.

Riscos

[Orientação: Descreva os principais riscos do projeto.

Risco é um evento com uma probabilidade de ocorrer no futuro impactando o projeto de forma negativa (ameaça) ou positiva (oportunidade).

Algumas fontes de riscos: premissas não cumpridas; fatores que impactam as entregas; mudanças de escopo; resistência ou não engajamento das partes interessadas; ...]

- Perder emprego;
- Mudança de chefia;
- Divórcio.

When? Quando? Linha do Tempo

[Orientação: Relacione os principais marcos do projeto. Marcos são os momentos mais importantes, quando se conclui as fases ou entregas.

Para cada entrega definida na EAP, defina data de início e término prevista.
]

EAP	Descrição	Início	Término
1	Projeto Promoção na sua empresa	10/2017	12/2018
1.1	Avaliação do mentor	10/2017	10/2017
1.2	Plano de ação	11/2017	11/2017
1.3	Execução e monitoramento do plano de ação	12/2017	12/2018
2	Corte nos gastos mensais	10/2017	12/2017
2.1	Avaliação dos gastos mensais	10/2017	10/2017
2.2	Priorização dos cortes	10/2017	10/2017
2.3	Aprovação dos cortes priorizados	11/2017	11/2017
2.4	Negociação com os fornecedores	12/2017	12/2017
2.5	Mensuração dos ganhos	01/2018	02/2018
2.6	Confirmação das negociações	01/2018	02/2018
3	Corte nas horas improdutivas	10/2017	12/2017
3.1	Medição das atividades feitas durante uma semana	10/2017	10/2017
3.2	Avaliação das horas improdutivas	10/2017	10/2017
3.3	Plano de ação	11/2017	11/2017
3.4	Execução e monitoramento do plano	12/2017	12/2017
5	Projeto Redução de ocorrências	10/2017	06/2018
6	Projeto vida saudável	10/2017	12/2018

How much? Quanto? Custos

[Orientação: Estimativa preliminar dos custos do projeto representada pelo orçamento ou pelo fluxo de caixa com suas principais entradas e saídas financeiras. Base para a aprovação financeira do projeto e da formação da linha de base dos custos.

Deve ser estimada baseando-se na EAP, ou seja, para cada entrega definida na EAP, estime seu custo total.]

EAP	Descrição	Custo
1	Projeto Promoção na sua empresa	R$1.000
1.1	Avaliação do mentor	0
1.2	Plano de ação	0
1.3	Execução e monitoramento do plano de ação	R$1.000
2	Corte nos gastos mensais	0
2.1	Avaliação dos gastos mensais	0
2.2	Priorização dos cortes	0
2.3	Aprovação dos cortes priorizados	0
2.4	Negociação com os fornecedores	0
2.5	Mensuração dos ganhos	0
2.6	Confirmação das negociações	0
3	Corte nas horas improdutivas	0
3.1	Medição das atividades feitas durante uma semana	0
3.2	Avaliação das horas improdutivas	0
3.3	Plano de ação	0
3.4	Execução e monitoramento do plano	0
5	Projeto Redução de ocorrências	R$1.000
6	Projeto vida saudável	R$1.000

Apêndice

Índice das Tabelas

Índice das Figuras

Índice Remissivo

Referências

Kermally, Sultan. 1997. *Management Ideas ... in brief.* Oxford : Reed Educational and Professional Publishing Ltd, 1997.

Montes, Eduardo. 2017. Guia de Gerenciamento de Projetos. *Escritório de Projetos.* [Online] 05 de 04 de 2017. https://escritoriodeprojetos.com.br/guia-de-gerenciamento-de-projetos.

PMI®, Project Management Institute. 2013. *Guia PMBOK®: Um Guia para o Conjunto de Conhecimentos em Gerenciamento de Projetos.* Pennsylvania : Project Management Institute, Inc, 2013.

—. **2017.** *Guia PMBOK®: Um Guia para o Conjunto de Conhecimentos em Gerenciamento de Projetos.* Pennsylvania : Project Management Institute, Inc, 2017.

—. **2015.** *PMP Examination Content Outline.* Pennsylvania : Project Management Institute, Inc, 2015.

PMSURVEY.ORG. 2014. *PMSURVEY.ORG 2014 Edition. Project Management.* [Online] 2014. http://www.pmsurvey.org Acesso em 12/11/2015.

Rose, Kenneth H. 2005. *Project Quality Management Why, What and How.* s.l. : J. Ross Publishing Inc., 2005.

There's a S.M.A.R.T. way to write management's goals and objectives. **Doran, George T. 1981.** 11, s.l. : Management Review, 1981, Management Review, Vol. 70, pp. 35–36.

O Autor

Eduardo Montes

Fundador da Escritório de Projetos, site com o melhor e mais completo conteúdo gratuito de gerenciamento de projetos do Brasil que apoia na capacitação de 70.000 usuários (visitas únicas do site/mês).

Mais de 300 projetos entregues com mais de R$19 bilhões em investimentos.

PMP certificado desde 2005 quando iniciou sua atuação como PMO e como Professor de gerenciamento de projetos em cursos de MBA.

Mestrado em Administração de Empresas pela EAESP-FGV.

MBA Exchange University of North Carolina at Chapel Hill.

Bacharelado em Ciência da Computação pela UFSCar.

Especialista em Escritório de Projetos, Gerenciamento de Projetos e na capacitação de Gerentes de Projetos.

Têm como missão de vida "Capacitar as pessoas e as empresas a terem sucesso em seus projetos".

Agradecimentos

À minha esposa, Alessandra, por me ajudar na realização de tantos projetos.

Aos meus filhos, por me inspirarem a ser um melhor educador.

Aos meus pais, pelos seus sábios ensinamentos e pelos seus exemplos de amor ao próximo, ética e honestidade que foram fundamentais na minha formação.

Às minhas duas irmãs, Andréa e Geórgia, por serem minhas eternas amigas e conselheiras e por contribuírem dando valiosas sugestões sobre o livro.

Aos meus amigos por serem meus parceiros de muitas ideias e realizações representados aqui pelo meu amigo e professor, Fernandinho, por me incentivar a criar o Livro;

Aos autores[131] e especialistas[132] de gerenciamento de projetos que tem seus artigos divulgados em nosso blog e que são referências para o meu aprendizado e minha melhoria contínua, representados aqui pelos meus amigos Armando Terribili Filho, Cleber Ferreira, Fatima Patz, Fernando Rodrigues Teixeira Dias e Maria Célia Mitidiero;

Aos meus alunos, por me inspirarem a proporcionar o melhor aprendizado possível, e principalmente, por sua dedicação e participação dentro e fora de sala de aula. Em especial, aos meus alunos da GP28 do Centro Paula Souza da disciplina de Introdução ao Gerenciamento de Projetos, representados aqui pelo Carlos Henrique de Moraes e Marcos Alcântara de Araújo pelas suas sugestões;

Aos meus clientes por usarem minhas soluções que apresento no livro e por contribuírem diretamente aperfeiçoando-as no dia-a-dia;

Aos Gerentes de Projetos da Comunidade da *Escritório de Projetos* que contribuem gerando conteúdo e agregando valor para toda a comunidade;

Aos usuários da *Escritório de Projetos* pelos seus comentários e solicitações. Em especial ao Maurício Lima pelas suas correções ortográficas.

Notas e Hyperlinks do site usados no Livro

[1] Essas soluções são gratuitas e podem ser baixadas no link https://escritoriodeprojetos.com.br/solucoes-gratuitas-de-gerenciamento-de-projetos

[2] Para participar do grupo e obter o kit de forma gratuita, adquira o livro, crie seu usuário no site escritoriodeprojetos.com.br e envie um e-mail para eduardo@escritoriodeprojetos.com.br informando a data que adquiriu o livro.

[3] 5.487.220 cópias de todas as edições do Guia PMBOK® em circulação incluindo as traduções publicadas pelo PMI. Acessada em 02/04/17 na PMI Today de março de 2017 em http://www.pmitoday-portuguese.com/

[4] Dr W. Edwards Deming, who is considered by many to be the father of modern quality control, made PDCA popular. https://en.wikipedia.org/wiki/PDCA acessado em 02/04/17.

[5] O programa de melhoria contínua é composto por projetos e iniciativas com objetivo de aperfeiçoar nossos serviços e soluções para ajudar nossos clientes e usuários a terem sucesso em seus projetos. https://escritoriodeprojetos.com.br/programa-de-melhoria-continua acessado em 02/04/2017.

[6] Não será abordada nenhuma dessas metodologias no livro, você pode obter mais informações em:

https://en.wikipedia.org/wiki/Six_Sigma

https://en.wikipedia.org/wiki/ITIL

http://cmmiinstitute.com/

https://en.wikipedia.org/wiki/Capability_Maturity_Model_Integration

https://cobitonline.isaca.org/about

https://en.wikipedia.org/wiki/COBIT

[7] https://escritoriodeprojetos.com.br/areas-de-conhecimento-em-gerenciamento-de-projetos

[8] https://escritoriodeprojetos.com.br/exemplo-de-projeto-viagem

[9] https://escritoriodeprojetos.com.br/exemplo-de-projeto-reforma-da-casa

[10] https://escritoriodeprojetos.com.br/exemplo-de-projeto-negocio-proprio

[11] https://escritoriodeprojetos.com.br/exemplo-de-projeto-treinamento

[12] https://escritoriodeprojetos.com.br/exemplo-de-projeto-instalacoes-hidraulicas-

de-um-hotel

[13] https://escritoriodeprojetos.com.br/exemplo-de-projeto-fabrica-de-parafusos

[14] https://escritoriodeprojetos.com.br/exemplo-de-projeto-aquario

[15] https://escritoriodeprojetos.com.br/exemplo-de-projeto-loja-virtual

[16] https://escritoriodeprojetos.com.br/exemplo-de-projeto-inclusao-social

[17] https://escritoriodeprojetos.com.br/exemplo-de-projeto-sistema-ged

[18] https://escritoriodeprojetos.com.br/exemplo-de-projeto-implantacao-escritorio-de-projetos-pmo

[19] https://escritoriodeprojetos.com.br/exemplo-de-projeto-plano-de-carreira-de-gerente-de-projetos

[20] https://escritoriodeprojetos.com.br/exemplo-de-projeto-de-um-robo

[21] Um processo é uma atividade ou conjunto de atividades que usam determinadas ferramentas e técnicas para transformar (processar) um conjunto de insumos (entradas) em resultados desejados (saídas). Saiba mais no tópico Processos do Capítulo Processos e Grupos de Processos

[22] Pesquisa feita em 12/03/18 em https://www.google.com.br/ em janela anônima com o nome completo da área de conhecimento (não considerando os anúncios pagos). Espero que nosso ranking no Google lhe motive a se preparar ainda mais.

[23] https://escritoriodeprojetos.com.br/gerenciamento-da-integracao-do-projeto

[24] https://escritoriodeprojetos.com.br/gerenciamento-do-escopo-do-projeto

[25] https://escritoriodeprojetos.com.br/gerenciamento-do-cronograma-do-projeto

[26] https://escritoriodeprojetos.com.br/gerenciamento-dos-custos-do-projeto

[27] https://escritoriodeprojetos.com.br/gerenciamento-da-qualidade-do-projeto

[28] https://escritoriodeprojetos.com.br/gerenciamento-dos-recursos-do-projeto

[29] https://escritoriodeprojetos.com.br/gerenciamento-das-comunicacoes-do-projeto

[30] https://escritoriodeprojetos.com.br/gerenciamento-dos-riscos-do-projeto

[31] https://escritoriodeprojetos.com.br/gerenciamento-das-aquisicoes-do-projeto

[32] https://escritoriodeprojetos.com.br/gerenciamento-das-partes-interessadas-do-projeto

[33] https://escritoriodeprojetos.com.br/processos-do-guia-pmbok

[34] Para cada Entrada ou Saída dos Processos do Guia PMBOK® é incluído um

template (modelo com os campos normalmente usados) e um exemplo preenchido para você entender o conceito de forma prática com um exemplo real.

[35] https://escritoriodeprojetos.com.br/guia-de-gerenciamento-de-projetos

[36] https://escritoriodeprojetos.com.br/exemplos-de-projetos-com-seus-templates

[37] https://escritoriodeprojetos.com.br/ambiente-de-auto-aprendizado

[38] https://escritoriodeprojetos.com.br/forum-sobre-gerenciamento-de-projetos

[39] https://escritoriodeprojetos.com.br/metodologia-pmo

[40] http://www.businessdictionary.com/definition/ability.html

[41] https://escritoriodeprojetos.com.br/fatores-ambientais-da-empresa

[42] https://escritoriodeprojetos.com.br/ativos-de-processos-organizacionais

[43] https://escritoriodeprojetos.com.br/modelos-de-comunicacoes

[44] https://escritoriodeprojetos.com.br/gerenciamento-das-comunicacoes-do-projeto

[45] https://escritoriodeprojetos.com.br/forum

[46] https://escritoriodeprojetos.com.br/gerenciamento-da-integracao-do-projeto

[47] https://escritoriodeprojetos.com.br/o-gerente-de-projetos-deve-cobrar-ou-motivar-sua-equipe-de-projeto

[48] https://escritoriodeprojetos.com.br/licoes-aprendidas-em-projetos

[49] https://escritoriodeprojetos.com.br/equipes-multiculturais

[50] https://escritoriodeprojetos.com.br/equipes-remotas

[51] https://escritoriodeprojetos.com.br/gerenciamento-dos-recursos-humanos-do-projeto

[52] https://escritoriodeprojetos.com.br/o-trabalho-em-grupo

[53] https://escritoriodeprojetos.com.br/gerenciar-o-engajamento-das-partes-interessadas

[54] https://escritoriodeprojetos.com.br/registro-das-questoes

[55] https://escritoriodeprojetos.com.br/gerenciamento-de-conflitos

[56] https://escritoriodeprojetos.com.br/solucoes-em-gerenciamento-de-projetos

[57] https://escritoriodeprojetos.com.br/habilidades-interpessoais

[58] https://escritoriodeprojetos.com.br/habilidades-de-gerenciamento

[59] https://escritoriodeprojetos.com.br/ferramentas-gerais-de-gerenciamento-de-projetos

[60] https://escritoriodeprojetos.com.br/ferramentas-de-escopo-de-gerenciamento-de-projetos

[61] https://escritoriodeprojetos.com.br/ferramentas-de-tempo-de-gerenciamento-de-projetos

[62] https://escritoriodeprojetos.com.br/ferramentas-de-custos-de-gerenciamento-de-projetos

[63] https://escritoriodeprojetos.com.br/ferramentas-de-qualidade-de-gerenciamento-de-projetos

[64] https://escritoriodeprojetos.com.br/ferramentas-de-recursos-humanos-de-gerenciamento-de-projetos

[65] https://escritoriodeprojetos.com.br/ferramentas-de-comunicacoes-de-gerenciamento-de-projetos

[66] https://escritoriodeprojetos.com.br/ferramentas-de-riscos-de-gerenciamento-de-projetos

[67] https://escritoriodeprojetos.com.br/ferramentas-de-aquisicoes-de-gerenciamento-de-projetos

[68] https://escritoriodeprojetos.com.br/ferramentas-de-gerenciamento-de-projetos-gratuitas

[69] https://escritoriodeprojetos.com.br/component/jdownloads/send/343-ferramentas/128-avaliacao-de-projetos

[70] https://escritoriodeprojetos.com.br/5w2h

[71] Acesso em 07/02/2017 OMS: http://www.who.int/mental_health/media/68.pdf

[72] If one does not know to which port one is sailing, no wind is favorable. Lucius Annaeus Seneca at:
https://www.brainyquote.com/quotes/quotes/l/luciusanna100585.html

[73] https://escritoriodeprojetos.com.br/ciclo-pdca-do-edu

[74] Knowledge is the source of Wealth. Applied to tasks we already know, it becomes Productivity. Applied to tasks that are new, it becomes Innovation...
http://www.azquotes.com/quote/525951

[75] https://escritoriodeprojetos.com.br/modelos-de-projetos

[76] https://escritoriodeprojetos.com.br/exemplo-de-projeto-reforma-da-casa

[77] https://escritoriodeprojetos.com.br/projeto-qualidade-de-vida

[78] https://escritoriodeprojetos.com.br/templates-da-metodologia-pmo

[79] https://escritoriodeprojetos.com.br/projeto-qualidade-de-vida

[80] https://escritoriodeprojetos.com.br/component/jdownloads/send/992-projeto-qualidade-de-vida/2629-termo-de-abertura-do-projeto-v5w2h

[81] https://escritoriodeprojetos.com.br/component/jdownloads/send/992-projeto-qualidade-de-vida/2632-dicionario-da-eap-complementar-a-planilha

[82] https://escritoriodeprojetos.com.br/component/jdownloads/send/992-projeto-qualidade-de-vida/2627-projeto-qualidade-de-vida

[83] https://escritoriodeprojetos.com.br/component/jdownloads/send/992-projeto-qualidade-de-vida/2628-registro-dos-pontos-de-atencao

[84] https://escritoriodeprojetos.com.br/component/jdownloads/send/992-projeto-qualidade-de-vida/2638-plano-de-gerenciamento-do-projeto

[85] https://escritoriodeprojetos.com.br/component/jdownloads/send/978-ciclo-pdca-do-edu/2410-statusreport-ciclo-pdca-do-edu

[86] https://escritoriodeprojetos.com.br/component/jdownloads/send/978-ciclo-pdca-do-edu/2481-licoes-aprendidas

[87] https://escritoriodeprojetos.com.br/profissoes

[88] https://escritoriodeprojetos.com.br/component/jdownloads/send/8-modelos/2393-termo-de-abertura-do-projeto-v5W2H

[89] https://escritoriodeprojetos.com.br/objetivos-smart

[90] https://escritoriodeprojetos.com.br/artigos-de-gerenciamento-do-escopo

[91] https://escritoriodeprojetos.com.br/premissas-de-um-projeto

[92] https://escritoriodeprojetos.com.br/restricoes-de-um-projeto

[93] https://escritoriodeprojetos.com.br/expectativas-requisitos-criterios-de-aceitacao-restricoes-premissas

[94] https://escritoriodeprojetos.com.br/pacote-de-trabalho

[95] https://escritoriodeprojetos.com.br/entradas-e-saidas-dos-processos-de-gerenciamento-de-projeto

[96] https://escritoriodeprojetos.com.br/declaracao-do-escopo-do-projeto

[97] https://escritoriodeprojetos.com.br/dicionario-da-eap

[98] https://escritoriodeprojetos.com.br/exemplos-de-projetos-com-seus-templates

[99] https://escritoriodeprojetos.com.br/component/jdownloads/send/980-

programa-de-reducao-de-custos/2386-eap-programa-de-reducao-de-custos

[100] https://escritoriodeprojetos.com.br/component/jdownloads/send/978-ciclo-pdca-do-edu/2371-ciclo-pdca-do-edu-wbs

[101] https://escritoriodeprojetos.com.br/component/jdownloads/send/343-ferramentas/128-avaliacao-de-projetos

[102] https://escritoriodeprojetos.com.br/estimar-os-custos

[103] https://escritoriodeprojetos.com.br/determinar-o-orcamento

[104] https://escritoriodeprojetos.com.br/controlar-os-custos

[105] Se você já faz parte do grupo Kit Qualidade de Vida, basta incluir sua dúvida na Aba Fórum, caso contrário, crie seu usuário no site escritoriodeprojetos.com.br e envie um e-mail para eduardo@escritoriodeprojetos.com.br informando a data que adquiriu o livro. Você também receberá o Kit Qualidade de Vida e poderá interagir com outros leitores.

[106] https://escritoriodeprojetos.com.br/pacote-de-trabalho

[107] https://escritoriodeprojetos.com.br/matriz-de-responsabilidades

[108] https://escritoriodeprojetos.com.br/exemplos-de-projetos-com-seus-templates

[109] https://escritoriodeprojetos.com.br/component/jdownloads/send/191-reforma-da-casa/670-dicionario-da-eap

[110] https://escritoriodeprojetos.com.br/component/jdownloads/send/191-reforma-da-casa/877-dicionario-da-eap-complementar-a-planilha

[111] https://escritoriodeprojetos.com.br/component/jdownloads/send/369-treinamento/163-4-dicionario-da-eap

[112] https://escritoriodeprojetos.com.br/templates-de-gerenciamento-de-projetos

[113] https://escritoriodeprojetos.com.br/component/jdownloads/send/8-modelos/94-dicionario-da-eap

[114] https://escritoriodeprojetos.com.br/component/jdownloads/send/8-modelos/132-dicionario-da-eap

[115] https://blog.deming.org/2013/04/demings-14-points-for-management/

[116] https://escritoriodeprojetos.com.br/gerenciamento-de-conflitos

[117] https://escritoriodeprojetos.com.br/negociacao

[118] https://escritoriodeprojetos.com.br/component/jdownloads/send/8-modelos/10-licoes-aprendidas

[119] https://escritoriodeprojetos.com.br/component/jdownloads/send/8-

modelos/742-relatorio-de-encerramento-do-contrato

[120] O programa de melhoria contínua é composto por projetos e iniciativas com objetivo de aperfeiçoar nossos serviços e soluções para ajudar nossos clientes e usuários a terem sucesso em seus projetos. https://escritoriodeprojetos.com.br/programa-de-melhoria-continua acessado em 02/04/2017.

[121] https://escritoriodeprojetos.com.br/como-colaborar-para-a-comunidade-de-gps

[122] https://escritoriodeprojetos.com.br/component/jdownloads/send/8-modelos/2393-termo-de-abertura-do-projeto-v5w2h

[123] https://escritoriodeprojetos.com.br/component/jdownloads/send/992-projeto-qualidade-de-vida/2629-termo-de-abertura-do-projeto-v5w2h

[124] https://escritoriodeprojetos.com.br/component/jdownloads/send/992-projeto-qualidade-de-vida/2633-declaracao-do-escopo-do-projeto

[125] https://escritoriodeprojetos.com.br/component/jdownloads/send/992-projeto-qualidade-de-vida/2631-dicionario-do-projeto-qualidade-de-vida

[126] https://escritoriodeprojetos.com.br/component/jdownloads/send/992-projeto-qualidade-de-vida/2632-dicionario-da-eap-complementar-a-planilha

[127] https://escritoriodeprojetos.com.br/component/jdownloads/send/992-projeto-qualidade-de-vida/2627-projeto-qualidade-de-vida

[128] https://escritoriodeprojetos.com.br/component/jdownloads/send/992-projeto-qualidade-de-vida/2628-registro-dos-pontos-de-atencao

[129] https://escritoriodeprojetos.com.br/component/jdownloads/send/978-ciclo-pdca-do-edu/2410-statusreport-ciclo-pdca-do-edu

[130] https://escritoriodeprojetos.com.br/component/jdownloads/send/978-ciclo-pdca-do-edu/2481-licoes-aprendidas

[131] https://escritoriodeprojetos.com.br/autor-em-gerenciamento-de-projetos

[132] https://escritoriodeprojetos.com.br/especialista-em-gerenciamento-de-projetos

www.ingramcontent.com/pod-product-compliance
Lightning Source LLC
Chambersburg PA
CBHW071425180526
45170CB00001B/226